大展好書　好書大展
品嘗好書　冠群可期

大展好書　好書大展
品嘗好書　冠群可期

易學智慧18

易學與人文

羅熾　蕭漢明／著

大展出版社有限公司

题辞

阐发易学的精湛思想

深研天地人三才之道

张岱年题

一九九六年六月

總序一

任繼愈

《易經》這部書幽微而昭著，繁富而簡明。五千年間，易學思想有形無形地影響著中華民族的社會生活、政治生活以及人生哲學。

《周易》經傳符號單純（只有陰陽兩個符號），文字簡約（約二萬四千餘字），給後代詮釋者留出馳騁才學的廣闊天地。迄今解易之書逾數千家。近年已有光電傳播媒體，今後闡釋易學的各種著作勢將更為豐富。

歷代有真知灼見的易學研究者，從各個方面反映各時代、各階層的重大問題。前人研究易學的成果豐富了中華民族的文化寶庫。研究易學，古人有古人的重點，今人有今人的重點。今天中國人的使命是加速現代化的步伐，迎接二十一世紀。

易學，作為中華民族文化遺產，也要為文化現代化而做貢獻。當代新易學的任務之一是擺脫神學迷信。易學雖起源於神學迷信，其出路卻在於擺脫神學迷信。凡是有生命的文化，都植根於現實生活之中，不能游離於社會之外。大到社會治亂，小到個人吉凶，都想探尋個究竟。人在世上，是聽命於神，還是求助於人，爭論了幾千年，這兩條道路都有支持者。

哲學家見到《易經》，從中悟出彌綸天地的大道理；德國萊布尼茲見到《易經》，從中啓悟出數學二進制的前景；嚴君平學《易經》，構建玄學易學的體系；江湖術士不乏「張鐵口」、「王半仙」之流，假易學之名，蠱惑愚眾，欺世騙財。易學研究走什麼道路，是易學研究者普遍關心的大事，每一位嚴肅的易學研究者負有學術導向的責任。

本叢書的撰著者多是我國近二十年來湧現的中青年易學專家，他們有系統的現代科學訓練的基礎，有較深厚的傳統文化素養，有嚴肅認真的學風，易學造詣各有專攻。這部叢書集結問世，必將有益於世道人心，有助於易學健康發展，為初學者提供入門津梁，為高深造詣者中一得之見以供參考。

這套叢書的主旨，借用王充《論衡》的話——「疾虛妄」。《論衡》作於二千年前，舊迷霧被清除，新迷霧又彌漫。「疾虛妄」的任務遠未完成。如果多數群眾尚在愚昧迷信中不能擺脫，我們建設現代化中國的精神文明就無從談起。我們的任務艱巨而光榮。

本叢書的不足之處，希望與讀者同切磋，共同提高。

（任繼愈先生現任國家圖書館館長、教授，中國哲學史學會會長，東方國際易學研究院首席顧問。）

總序二

朱伯崑

《周易》系統典籍，是中華傳統文化的重要組成部分，繼承和發揚這份珍貴的遺產，是學術界的一項艱巨任務。近年來，海內外出版了多種易學著作，形成了一股周易熱。關於周易文化的論述，提出許多問題，發表許多見解，眾說紛紜，莫衷一是，又為易學愛好者和關心傳統文化的讀者帶來許多困擾。有鑑於此，東方國際易學研究院的同仁，在自己研究的基礎上，編寫了這套叢書，參加爭鳴，希望能為讀者澄清一些問題，將弘揚傳統文化引向較為健康的軌道。我們編寫這套叢書，依據以下幾條原則：

(1)倡導以科學態度和科學方法，研究和評介周易文化，區別精華和糟粕，突出易學文化中的智慧和哲理。《周易》系統典籍，所以長期流傳不息，關鍵在於其中蘊涵的智慧或思維方式，吸引歷代學人不斷追求和闡發。這套叢書的重點在於闡述其智慧，使讀者從中受到教益，故定名為《易學智慧叢書》。

(2)《周易》系統典籍或歷代易學，對中國傳統文化的發展影響深遠，涉及到自然和人文各個領域，如古人所說「易道廣大，旁及天文、地理……」等，在人類文明史上獨樹一幟。弘揚易學智慧，不能局限於《周易》經傳本身，如歷代經學家所從事的注釋工作;還要看到其在實際生活中所起的作用和影響。編這套叢書,著眼於從傳統文化發展的角度,闡述易學智慧的特色及其價值。

(3)任何傳統文化的研究,都應同當代的文明建設聯繫起來考量,走現代化的道路,即古為今用的道路,傳統文化方能重新煥發出其生命力。編寫這套叢書,亦力求體現這一精神。總之,弘揚傳統應根植於現實生活之中。

(4)《周易》系統的典籍,文字古奧,義理艱深,一般讀者難於領會。編寫這套叢書,一方面立足於較為踏實的學術研究的基礎上,對原典不能妄加解釋和附會,一方面又要以較為通俗易懂,用當代學人所能接受的語言,敘述易學智慧的特徵,易學文化流傳的歷史及其對中華文化所起的影響,行文力求深入淺出,為易學愛好者提供一入門途徑。

以上四條,是我們編寫此套叢書的指導方針和要求,參加撰寫的同仁,大都按這些要求努力工作。有的稿本改寫多次,付出了艱巨的勞力,至於是否達到上述目的,要待廣大讀者的批評指正了。總之,編寫這套叢書是一種嘗試,旨在倡導一種學風,拋磚引玉,以便同學術界、文化界的同行,共同實現弘揚優秀傳統文化的任務。

(朱伯崑先生現任東方國際易學研究院院長兼學術委員會主任,北京大學哲學系教授,中國易學與科學研究會理事長。)

目錄

第二章　易學與理想人格……………………………一一三

第三章　易學與人倫道德……一六九

人文易與民族魂（代序）

八〇年代中國出現的《周易》研究熱潮中，象數易得以復蘇，科學易乘勢崛起，考古易不斷開拓，易學取得了引人注目的新進展和新成果；同時，作為周易熱的一股支流，占卜易也一度流行，反映了社會機遇心理的滋長。相形之下，人文易的研究反而顯得薄弱。而人文易凝結在易學傳統中的人文意識和價值理想，似乎應當成為易學和易學史研究的主線和靈魂。

一、《易》之為書與易學分派

《易》，既被儒門列為「六經之首」，又被道家尊為「三玄之一」，以其歷史形成的理論優勢和特殊地位，被贊為「大道之源」、「聖人之蘊」，成為我們民族傳統文化精神和哲學智慧的主要「活水源頭」。

關於《易》之為書，從《易傳》起，歷代相沿，已有多種說法。如《易傳》：「聖人設卦觀象，繫辭焉而明吉凶，剛柔相推而生變化……是故君子居則觀其象而玩

其辭，動則觀其變而玩其占。」（《易傳・繫辭上傳》）

又說「探賾索隱，鉤深致遠，以定天下之吉凶，成天下之亹亹者，莫大乎蓍龜。是故天生神物，聖人則之……」（《易傳・繫辭上傳》）

這些話可以理解為《易》乃巫覡所用的占卜之書，不過是古代宗教巫術文化的殘留。作為占卜用的「蓍龜」，被看做是「天生神物」，具有比聖人還大的權威。

但《易傳》中更別有其他富於理性的說法，認為「《易》與天地準，故能彌綸天下之道」（「天下」，今本作「天地」，據陸德明《經典釋文》與李鼎祚《周易集解》校改）。「仰以觀於天文，俯以察於地理，是故知幽明之故。原始反終，故知死生之說。」（《易傳・繫辭上傳》）

「《易》之為書也，廣大悉備。有天道焉，有人道焉，有地道焉。」（《易傳・繫辭下傳》）「昔者，聖人之作《易》也，將以順性命之理，是以立天之道曰陰與陽，立地之道曰柔與剛，立人之道曰仁與義。」（《易傳・說卦傳》）還說：「《易》之為書也不可遠，為道也屢遷。變動不居，周流六虛，上下無常，剛柔相易，不可為典要，惟變所適。」（《易傳・繫辭下傳》）

這是說，《易》是聖人仰觀俯察的結果，其所反映的是天地人三才之道，即自然運行與人類活動的普遍法則，而這些法則，作為陰陽（剛柔、仁義）的交錯變化，並非死板固定的，而是「變動不居」的。

這裡的「幽明之故」、「死生之說」、「性命之理」等，並無神秘意味，不過是對客觀事物矛盾運動的樸素概括和說明。

一方面，強調了這些反映天地人固有的矛盾運動的法則是客觀的、普遍的，「範圍天地之化而不過，曲成萬物而不遺」（《易傳・繫辭上傳》），乃至具有不可違抗的神聖性；另一方面，更強調了《易》所揭示的「聖人之道」，乃是對這些天地人矛盾運動法則的模擬、掌握和運用，是一種「極深研幾」的哲學智慧。所以說，「夫《易》，聖人之所以極深而研幾也。唯深也，故能通天下之志；唯幾也，故能成天下之務。」（《易傳・繫辭上傳》）「神而明之，存乎其人。」（《易傳・繫辭上傳》）「觀乎天文，以察時變；觀乎人文，以化成天下。」（《賁卦・彖傳》）這就充分肯定了人作為智慧主體的意義，肯定了人的自覺能動作用。人文化成的思想，成為「易道」的中心與歸宿。

《易傳》作者如此詮釋「易道」，實際上是對《易》的原始象數系統以及流為占卜書之後的卦象、筮數等，進行了哲學理性的加工，對「天地自然之易」（朱熹語）貫注以人文價值理想。遂使由《經》到《傳》的「易學」，兼涵了「明於天之道」的科學理性、「察於民之故」的價值理想、「是興神物以前民用」的占卜信仰這三方面的內容，在不同的條件下發揮著「以通天下之志」、「以定天下之業」、「以斷天下之疑」（《易傳・繫辭上傳》）的社會作用。

因此，合《經》、《傳》為一體的「易學」，擺脫了原始巫術形態，容納和體現了古先民的科學智慧、人文理想與神道意識，三者既相區別，又相聯繫，且互為消長，在不同歷史時期與不同學術思潮相激蕩而發揮其不同的文化功能。

《四庫總目提要》所說：「易道廣大，無所不包，旁及天文、地理、樂律、兵法、韻學、算術，以逮方外之爐火，皆可援易以為說，而好異者又援之以入易，故易說至繁。」

實指歷史上「易學」與各門學術的雙向交流和互相滲透，使「易學」容納了各種學術成果，有著繁雜的內容。所以，對於《易》之為書，殊難一語中的，所謂「以言者尚其辭，以動者尚其變，以制器者尚其象，以卜筮者尚其佔」（《易傳．繫辭上傳》），允許見仁見智，各引一端。一部易學史，正是在今古、漢宋、各家各派聚訟紛紜的多維格局中得到發展的。

關於易學分派，初無定說，各自立論大都有一定的歷史依據。先秦的「三易」、「九筮」之說已不傳。

從西漢起，有傳《易》的專門之學。初，諸家皆祖田何，得立學官。孟喜、京房吸取當時天文、曆法等科學成果所闡發的「卦氣」說，影響深遠。民間還有費直傳古文易，專以《易傳》解經，既長筮占，又頗重義理。同時，司馬談、《淮南子》作者、嚴君平、揚雄等，又多援道家言解《易》，尤重義理；而揚雄撰《太玄》，又頗受孟、京一派易學的影響。

到東漢，讖緯思潮中神學與科學並存，促使鄭玄、荀爽、虞翻、魏伯陽等均重視並發揮了《易》象數學的成果；惟有王肅解《易》，獨重義理，排斥象數，成為王弼易學的先驅。足見漢代易學，並非全主象數；且《易》象數學中，也派別各異，精糟可分。如京房易學中有些內容，以其與當時天文、曆候等科學成果相聯繫而形成的象數思維模式，有其合理成分，對當時和以後的哲學和科學思想的發展，都產生過積極的影響。故將歷史上的易學流派，粗分為象數與義理兩大派，自無不可，但尚需進一步規定。

李鼎祚在《周易集解．序》中曾認為：「自卜商入室，親授微言，傳注百家，綿歷千古，雖競有穿鑿，猶未測淵深。」他舉出鄭玄、王弼為代表，指斥：「惟王、鄭相沿，頗行於代，鄭則多參天象，王乃詮釋人事，且《易》之為道，豈偏滯於天、人者哉？」李鼎祚似乎把唐以前的易學又區分為「天象易」與「人事易」，雖不準，亦有據，且試圖超越兩派的「偏滯」。

宋代易學有新發展，范仲淹、胡瑗、程頤、張載等吞吐佛老，回歸《易》、《庸》、使之哲理化，把天道與人事統一起來，推進了《易》義理學的發展。而陳摶、劉牧等則提倡《河圖》、《洛書》之學，提出「先天易」與「後天易」的劃分；周敦頤、邵雍進而發揮傳統的《易》象數學中的哲理與數理；朱熹、蔡元定等繼之對陳摶的先天易圖認真研究，並溯源於《周易參同契》，使《易》象數學中的一些智慧成果得以流傳下來並得到一定的理性疏解。

這樣歷史地形成一個條件，易學中象數學和義理學有可能達到一種新的綜合，在此基礎上孕育著新的易學分派。如王夫之在十七世紀中國的特定歷史條件下，總結、繼承了宋代易學的諸方面成就，既深刻批判了傳統的《易》象數學中某些神秘主義和形式主義；又同時重視《易圖》的研究，強調象數學與義理學在新易學體系中的統一，在「易為君子謀」的義理前提下不廢占易，認為「學易」與「占易」可以並存（王夫之《周易內傳發例》）。

王夫之在「學易」方面的重大貢獻，在於全面而系統地發揮了《易》義理學中的「人文化成」思想，利用傳統易學的範疇和理論框架，展開了他的具有早期啟蒙性質的人文哲學體系。

王夫之的「尊生」、「主動」、「貞生死以盡人道」的易學思想，可說是走出中世紀的近代「人文易」的雛形。與之同時代的方以智父子，以數衍易，醫易會通，從「質測即藏通幾」，「立象極數，總謂踐形」的觀點出發，把律曆、象數、醫藥、占候等都看做是「聖人通神明，類萬物，藏之於《易》」的「物理」、「數理」（方以智《通雅・自序》）；其「核物究理」、「深求其故」的易學思想，也可說是走出中世紀的近代「科學易」的先聲。

二、「科學易」與「人文易」

「科學易」與「人文易」，可說是相對峙而形成的名稱。用「科學易」與「人文易」來劃分易學流派，似乎有其現實的客觀依據。「科學易」與「人文易」，雖也有其歷史淵源，但就其思想內容和研究方法的特徵而言，都屬於近現代的易學流派，對於傳統的易學諸流派都有所揚棄和超越。

「科學易」被有的同志界說為「現代易的別名」，或「現代易學新流派」，但也可以更具體地表述為對於《易》象、數、圖中的數理、物理等給以現代科學的透視和詮釋，從而使一些曾被神秘化了的圖式、數列及原理，得到一定的科學化的說明；這樣被現代科學眼光照亮和說明了的易學中的某些象數模式和推理方法，還可以反過來應用於現代科學研究的某些領域，並得到一定的驗證。

在中國，古老的易學及其象數思維模式與西方傳入的新興質測之學相結合，在十七世紀就開始了。當時湧現的具有典型意義的桐城方氏易學學派，可以說是「科學易」的早期形態。方以智自覺地意識到，他以易學為根基的自然哲學體系的建立，是「因邵、蔡為嚆矢，徵《河》、《洛》之通符」，「借泰西為剡子，申禹、周之矩積」（方以智《物理小識·編錄緣起》），即是說，一方面繼承邵雍、蔡元定等所提倡的象數圖書之學的易學原理，另一方面引進西方新興質測之學，並借以發揚祖國科學思想的優秀傳統。這正是「科學易」的基本思想特徵。

十八世紀，戴震、焦循等沿著這一思路，繼續推進「科學易」的發展。此後，中國文化的近代化的正常歷程被打斷。我們民族在深重的苦難中步入近代。人們迫於救亡圖存的政治形勢，忙於日新月異的西方引進，來不及去清理易學遺產，「科學易」的研究瀕於中斷，而在西方，從萊布尼茲到愛因斯坦、玻爾、李約瑟等，把中國易學中某些象數結構納入現代科學的語境和視野，對「科學易」不斷地有所探測。

在二十世紀中西文化的匯聚、交融中，一些學有專精的自然科學家，轉向傳統易學與科學思想遺產的研究而時有新的創獲；八〇年代伴隨改革開放而興起的文化研究熱潮中，由於《易》象、數、圖中數理、物理、生理以及哲理的被重視，由於多學科交叉研究方法的被應用，由於東西方學術思想某些層面的重新被整合，「科學易」的研究得到長足的進展，並有方興未艾之勢，成為當代易學的一項特殊成就。

當然，「科學易」的研究有一個理論和方法的導向問題。

首先，在理論原則上，應當承認《易》之為書的原始形態，雖是人類智慧創造的一株奇葩，但畢竟是古老中華文化發蒙時期的產物。它本身必然是在科學思維的萌芽中充斥著宗教巫術的迷信，即使經過晚周時期《易傳》作者們的哲學加工，改變著其中科學思維、人文意識與神物迷信的關係比重，但仍然是原始科學與神物迷信的某種結合。因而，「科學易」作為現代形態的知識體系，必須將這種固有科學與迷信的結合加以剝離，必須將傳統易學中某些固有的神秘性（各種拜物教意識、神物迷信等等）加以揚棄。這是十分繁難的任務。因為歷史地把握科學與迷信二者的區別和聯繫，了解二者既互相對立、排斥，又互相寄生、轉化的機制，以及二者能夠共生或實現轉化的思想文化條件和社會經濟根源，並非易事；且在實驗科學所憑依的工具理性範圍內得不到解決。

其次，在文化心態上，應當看到鴉片戰爭以來的民族大苦難和中西古今文化的激烈衝突，在人們思想上曾造成各種困惑和畸變心理。

諸如，面對西方科技新成就，希望「古已有之」的「西學中源」說，幻想「移花接木」的「中體西用」說，都是曾經流行過的思想範式，並在中國文化走向近代化的歷程中一再把人們引向歧途。顯然，「科學易」的研究，應當避免再陷入這樣的思想範式及其種種變形，應當跳出中西文化觀中的「西方中心」、「華夏優越」、或「浮淺認同」、或「籠統立異」、或「拉雜比附」等等誤區，而在傳統易學與現代科學之間發現真正的歷史結合點，從中國「科學易」三百年來具體的歷史發展中去總結經驗教訓，提煉研究方法，開拓未來的前景。

這一未來前景的一個重要方面，就是「科學易」與「人文易」必須相輔而行，成為易學研究中互補的兩個主流學派。

與「科學易」相並列的「人文易」，也屬現代易學的新流派，而又有其深遠的歷史淵源。《易傳》作者以其對易道的深刻理解，明確意識到「天道」與「人道」、「天文」與「人文」的聯繫和區別，而強調「人道」、「人文」的意義。《賁卦・彖傳》指出：「〔剛柔交錯〕（今本奪此四字，據孔穎達《正義》補），天文也；文明以止，人文也。觀乎天文，以察時變；觀乎人文，以化成天下。」「剛柔交錯」所展示的「天文」，是人們的工具理性所掌握的自然知識，屬「科學易」所探究的內容；而人按一定的社會需要和價值理想去「觀天文，察時變」，這一實踐活動的意義已屬於「人文易」的研究範圍；至於作為人類文明的標誌，「觀乎人文，以化成天下」，更是「易道」的主旨而構成「人文易」的主要內容。足見「人文易」在易學體系中有其優越的地位。

「人文易」所注視的是《易》象、數、圖和義理中內蘊的人文精神。它研究的不是蓍數而是「蓍之德」，不是卦象而是「卦之德」，不是爻變而是「爻之義」，是「聖人以此洗心，退藏於密，吉凶與民同患」（《易傳・繫辭上傳》）的價值理想。所以，「人文易」並非對傳統的晉易、宋易中的義理內容的簡單繼續，而是對傳統易學中「象數」和「義理」的雙向揚棄和新的整合。

「人文易」的新整合，並非一蹴而就，而是一個歷史過程，反映著永恆跳動的時代脈搏。作為走出中世紀的人文意識覺醒的反映，近代「人文易」的發展，也已有三百多年的歷史。王夫之以他的易學體系，「其明有、尊生、主動等大義，是為近代思想開一路向」❶，為近代「人文易」奠定了理論根基。

此後，許多論者繼續開拓。或以「體用不二」、「翕闢成變」、「生生不已、自強不息」、「不為物化」的「人道之尊」等，來闡揚「大易」的「意蘊」；或據《乾》、《坤》兩卦的「象辭」：「天行健，君子以自強不息」，「地勢坤，君子以厚德載物」，來論證中華傳統文化中源於「易道」的民族精神。這些先行者的研究與發掘，推進了「人文易」的發展，也啟迪著後繼者的繼續開拓。

三、「人文易」內蘊之民族魂

「人文易」的內容極為豐富，可以從不同的視角去加以考察。如果就「人文易」中的價值理想內蘊於民族文化深層中長期塑造而成的精神因素而言，可稱作民族文化之魂的，至少有以下幾個層面，昭然可述：

㈠時代憂患意識

憂患意識，是中華傳統文化中一個特有的道德價值概念，標誌著一種根源於高度歷史自覺的社會責任感和敢於正視承擔人間憂患的悲憫情懷。這樣一種人文價值理想或精神境界，最早、最鮮明、也最集中地體現在《周易》之中。

《易傳》作者對於《易》的產生並未作神秘化的誇張，相反地，把「《易》之興也」平實地歸結為在特定的艱危處境中人的憂患意識的產物。「《易》之興也，其於中古乎?作《易》者，其有憂患乎?」《易傳・繫辭下傳》進一步再具體化，作《易》的時代環境，乃是殷、周之際的政治變革，「《易》之興也，其當殷之末世，周之盛德耶?當文王與紂之事耶?」(《易傳・繫辭下傳》)作《易》者(周初統治集團，即文王、周公等)的憂患，就在於「小邦周」要戰勝和取代「大國殷」所面對的重重困難和艱危處境，文王因之而被囚於羑里，周公等更面臨各種矛盾而懷著無窮憂慮，謙慎自持，始得以轉危為安。

《易傳》作者在肯定了作《易》者的憂患之後，又從總體上論斷《周易》一書：「是故其辭危。危者使平，易者使傾。其道甚大，百物不廢。懼以終始，其要無咎。此之謂《易》之道也。」(《易傳・繫辭下傳》)整個「易道」所凸顯的，正是「乾乾夕惕」、「居安思危」、「外內使懼」、「困窮而通」的憂患意識；並強調地指出：天道雖「鼓萬物而不與聖人同憂」，而聖人必須「吉凶與民同患」(《易傳・繫辭上傳》)、「明於憂患與故」(《易傳・繫辭下傳》)。

「吉凶與民同患」、「明於憂患與故」，是《易傳》闡發憂患意識所提出的極為光輝的命題。所謂時代憂患，遠非個人禍福，而是一種洞察時艱、深體民瘼的群體意識，不僅要求「與民同患」，而且要求深知憂患的本質及其根源，旨在為消除群體憂患而「鞠躬盡瘁，死而後已」。

不同的時代有不同的群體憂患。「人文易」中這一深蘊的「吉凶與民同患」的憂患意識，在傳統文化中產生了巨大的影響。歷代獻身正義事業的志士仁人，先進思潮的號角和旗手，往往也是時代憂患意識的承擔者。「先天下之憂而憂」，憂道、憂時、憂國、憂民，總是懷著「殷憂啟聖，多難興邦」、「生於憂患，死於安樂」的信念，不畏艱難困苦，奮鬥不息。

這種憂患意識，具有深沉的歷史感，又具有強烈的現實感。它區別於印度佛教的悲願思想，也不同於西方美學的悲劇意識，而是中華傳統文化所特有的人文精神，是我們民族經受各種苦難而仍然得以發展的內在動力，是「人文易」中跳動著的最值得珍視的民族魂。

(二)社會改革意識

客觀的自然和社會的變革不可違阻，而反映為主觀上的改革意識特別是社會改革意識，卻需要自覺樹立。

《周易》本是講「變易」的書，六十四卦的卦序序列，即含有不斷變革、永無止境的意蘊；而其中專立一個《革》卦，更是集中地自覺樹立一種社會改革意識。「天地革而四時成。湯武革命……革之時，大矣哉！」（《革卦・彖傳》）《易傳》作者把社會變革——「革，去故也；鼎，取新也。」（《易傳・雜卦傳》），「窮則變，變則通」（《易傳・繫辭下傳》），視為客觀必然規律，但適應客觀規律，怎樣實行變革或改革，則必須創造條件，注意過程，掌握時機，做到措施適當，「應乎天而順乎人」，而關鍵在於取得民眾的信任。

整個《革》卦的卦爻辭，經過《易傳》作者的理論加工，展示為一種從湯、武革命等社會改革實踐中總結出的嚴肅而慎重的社會改革思想，富有深意。

首先，認定某項社會改革，必經一個過程，取得民眾對改革的信任（「巳日乃孚，革而信之」），才能順利成功（「文明以說，大亨以正」）。

其次，強調改革過程的開始，切忌輕舉妄動，「不可以有為」。經過一段時間，可以開始發動，但也需要「革言三就」，反覆宣傳，直到取得民眾對改革的信任，「有孚，改命吉」。

再次，指出到了改革時機成熟，「大人虎變，其文炳也」，再到改革初成，正當「君子豹變，小人革面」之時，又不宜多有舉動，「徵凶，居貞吉」，力求穩定一段以鞏固改革的成果。《革》卦內蘊的社會改革意識，既強調「革之時，大矣哉！」「革而當，其悔乃亡」；又充分注意到在改革過程中「有孚」、「乃孚」即爭取民心對改革的信任的極端重要性。如果鄭重總結歷史上某些改革失敗的教訓，《革》卦所展示的改革理想模式，不是值得咀嚼嗎？

㈢德、業日新意識

《易傳・乾、坤文言》及《易傳・繫辭傳》關於人文化成思想的大量論述中，把「德」和「業」作為對舉的範疇，認定「易道」所追求的人文價值的最高理想，就是「盛德」和「大業」。

「盛德、大業至矣哉！富有之謂大業，日新之謂盛德，生生之謂易。」又說：「《易》其至矣乎！夫《易》，聖人所以崇德而廣業也。」（《易傳・繫辭上傳》）《易》的思想特點，首先是德、業並舉，正如整個六十四卦體系是「乾坤並建」一樣，《易傳・繫辭上傳》開宗明義即由「乾以易知，坤以簡能」推衍開，「易則易知，簡則易從。易知則有親，易從則有功。有親則可久，有功則可大。可久則賢人之德，可大則賢人之業」。（《易傳・繫辭上傳》）

「德」和「業」，成為人類「可久」、「可大」的追求目標，「德」是內在的道德修養，「業」是外在的功業創建，前屬內聖，後屬外王，兩者不可偏廢，必須互相結合。而《易傳》的人文思想更偏重於以德創業，以德守業。由六十四卦卦象引出的《大象辭》，強調的是「君子以果行育德」、「以振民育德」、「以反身修德」、「多識前言往行，以畜其德」（《蒙卦、蠱卦、蹇卦、大畜卦》的《象傳》）等，充分表現了這一傾向。

其次，《易傳》從「天地之大德曰生」，「生生之謂易」的大原則出發，提出了德業日新思想，「富有之謂大業，日新之謂盛德」（《易傳・繫辭上傳》）。「富有」也有賴於「日新」。不斷地開拓創新，不斷地推陳出新，是最高的品德。無論事業的創建，人格的修養，皆是如此。尊生、主動、尚變、日新，是「人文易」的哲學核心。張載、王夫之、譚嗣同、熊十力，對此均有慧命相續的深刻闡明。

㈣文化包容意識

「《易》之為書，廣大悉備」，就在兼三才之道，把「天道」與「人道」、「天文」與「人文」貫通起來考察，依據「天道」來闡述「人道」，參照「天文」來觀察「人文」，因而形成「人文易」中的文化包容意識。其主要思想特徵是：尚雜、兼兩與主和。

首先，《易》把人類文明、文化的原生形態和基本構成，規定為「物相雜，故曰文」（《易傳・繫辭下傳》）；「龍戰於野，其血玄黃」所構成的「天地之雜」（《坤卦・文言傳》），正是「文」的發端。尚雜，是人類文化創造的根本特徵。

其次，「兼三才而兩之」（《易傳・說卦傳》），「一陰一陽之謂道」（《易傳・繫辭上傳》），是「易道」的思維模式。借以考察人文現象，也就承認各種矛盾的對立統一。「一闔一闢之謂變」，「參伍以變，錯綜其數。通其變，遂成天下之文」（《易傳・繫辭上傳》）。兼兩，是考察文化現象變化動向的致思途徑。

再次，「易道」用以考察人文化成的基本文化心態，是主和。「乾道變化，各正性命。保合太和，乃利貞。首出庶物，萬國咸寧。」（《乾卦・彖傳》）這個「和」範疇，經過史伯、晏嬰、孔子等的琢磨，「和實生物，同則不繼」，「以它平它之謂和」，旨在反對專同，而是能夠容納雜多和對立的更高層次的範疇，成為文化包容意識的理論支柱。

基於尚雜、兼兩、主和的文化觀及文化史觀，明確認定「天下同歸而殊途，一致而百慮」（《易傳・繫辭下傳》），是人文發展的客觀自然進程，只有「學以聚之，問以辯之，寬以居之，仁以行之」（《乾卦・文言傳》），才有可能察異觀同，求其會通，在雜多中求得統一，在矛盾中觀其融通。這是人文化成的必由之路。

司馬談論「六家要旨」（《史記・太史公自序》），黃宗羲提倡「殊途百慮之學」（黃宗羲《明儒學案・序》），王夫之做出「雜以成純」、「異以貞同」的哲學概括（王夫之《周易外傳》：《雜卦傳》、《未濟傳》），都是「人文易」中文化包容意識的繼承和發揮，「含弘光大」，至今具有生命力。

以上僅從「時代憂患意識」、「社會改革意識」、「德業日新意識」、「文化包容意識」四個側面，對「人文易」的內蘊，管窺蠡測，聊舉一隅，已足以證明「人文易」確有豐富內容，值得認真發掘。

【註釋】：

❶ 熊十力《十力語要·讀經示要》，一九四七年湖北印本。

第一章　《周易》與中國人文精神

在人類文明的繽紛世界中，以華夏民族為主體的中華民族，以她特有的文化魅力，掀開多層神秘的面紗，展示了自己的雄奇與美妙。正是這種魅力，征服了過去，捍衛了自身，開拓著未來，鑄造了她的輝煌歷史。當我們尋繹這種力量的根源時，發現她原來是古老東方這塊沃土和特殊的生態環境孕育出來的《易》文化。

正是《周易》以及源遠流長的易學，奠定和造就了中國的人文精神。

一、概　論

㈠文化傳統界說

文化傳統，顧名思義，就是文化的承傳系統。不同的國家、民族，都有區別於他民族以保持自身特色的文化系統。傳統伴隨著人類的文化流動而誕生，也伴隨著人類文化活動的進展而形成、鞏固和發展。

首先，傳統是某種文化的積淀。它是亙古以來人們在為生存和發展的生活和生產實踐中，依據自身的實踐水準和認識水準而獲得的文化成果的積淀。日積月累，延綿承傳，以至成為人們習慣遵循的意識和行為規範，這便是傳統。傳統具有一種承前啟後的相對穩定性特徵。

其次，傳統是一種多元復合的價值體系。傳統不是單一的。從其構成來講，這是不同民族、部落文化成果的復合，呈源分流一之勢；一旦形成傳統，它又多向輻射，呈源一流分之勢。它是一個包容萬有的體系。文化傳統之積淀，反映了先民們以各自的利益為標尺，對傳統文化包括域外文化所進行的一種價值判斷和選擇，它是一種經過否定以後而保留下來的肯定。這種鏈式的積淀，實際是一個人類文明同步發展的文化價值體系。

再次，傳統又是一個動態的發展過程。人類的文化活動，遵循著由低級到高級、由簡單到複雜這一普遍規律。人類的文化發展與前進的軌跡，也就是影響人類生存與發展的本質的必然聯繫，就是傳統。

發展是對立面的統一和鬥爭。沒有揚棄和保留就沒有更新，也就沒有傳統。所以傳統又是活的，而不是死的、僵化的，它既屬於過去，也屬於現代。它是一個充滿活力的辯證的否定過程，是聯繫一個民族由過去走向未來的紐帶，在中國的《易》文化中，稱作「日新」、「生生」不已。

正如黑格爾所說的：「傳統並不是一尊不動的石像，而是生命洋溢的，猶如一道洪流，離開它的源頭愈遠，它就膨脹得愈大。」❶也就是說，隨著歷史的推移，傳統的內涵愈加豐富。最後，傳統還是正面和負面辯證統一的有機復合體。此所謂「有機復合」，既是說正面和負面同時存在於對方之中，又是說正面和負面的內容不是固定不變的。由於階級利益和時空條件的變化，曾經是正面的東西，也許成了負面，反之亦然。所以，傳統總是具體的。它既是絕對的，同時又是相對的。這就給我們正確地反思傳統、評價傳統，提出了歷史唯物論和歷史辯證法的高要求。

文化傳統是人創造的。人就生活在自己創造的文化之中，不能自外於傳統，簡單地把傳統當作認識對象去裁量取捨。人在創造傳統或傳統形成的過程中，同時又自覺不自覺地接受傳統的制約和塑造，這是傳統的反作用。人是很難超越於傳統之上去抽象地對傳統進行精華和糟粕的定性分析的。所以，傳統是流，不是源。

傳統的最終源泉，是人類亙古以來的生產勞動和生活實踐。正因為文化傳統是人們由生產勞動和生活實踐形成的認識積累，而且是根據人自身的功利目標為尺度的一種價值選擇，所以，傳統作為一種矛盾統一體，其正面的優秀傳統總是居於主導的方面，其負面的不好的傳統則總是居於非主導方面。換言之，文化傳統從整體上看，總是優秀的。這是不同民族、國家的文化傳統的共性。

文化傳統總是具體的，只有具體的民族文化傳統，沒有超民族的一般的文化傳統。民族文化傳統也就是指某個民族在特定的生態環境、特定的生產方式下，認識和改造客觀世界的物質活動中逐漸形成的最能反映該民族本質的文化傳統。不同民族的文化傳統存在著共性的東西，但主要的是具有民族個性、特色的東西。所以，民族文化傳統又是一個民族區別於他民族的重要標誌。

(二)中國的易文化傳統

《易》緣起於先民們的徵兆迷信。在人類遠古的原始社會後期，從他們意識到自己的獨立存在的時候開始，由於生計問題而發生的各種遭際，便成了他們思考和猜測的問題。在他們還不能把握自己的命運時，命運中出現的各種偶然遭際便被當作必然性而在觀念中固定下來。於是自然崇拜產生了，與之相應的巫術迷信活動也產生了，這就是人類的巫史文化時期。

《易》所標舉的天、地、雷、風、水、火、山、澤等八種自然現象，實際上是我們的先民早先迷信和崇拜的神物。先民們在思考和猜測「神」人之間的關係時所採取的手段是術數，其主要內容是卜和筮。前者用龜甲，後者用蓍草。我們可以說，作為一種巫史文化的卜筮活動，導源於先民們預知「神」（自然神或者稱作「天」）人關係以趨吉避凶的功利心態。

清代學者紀昀在《四庫全書總目提要・易類小序》中說：

聖人覺世牖民，大抵因事以寓教。《詩》寓於風謠，《禮》寓於節文，《尚書》、《春秋》寓於史，而《易》則寓於卜筮。故《易》之為書，推天道以明人事者也。

這是講有了六經以後的事。但原先的卜筮活動就是「易」，筮法就是「易」法。「易」是象形字。「日往則月來，月往則日來，日月相推而明生焉」。這是戰國時《易傳》的編撰者對「易」的解釋。

漢人許慎在《說文解字》中引「古秘書」說：「日月為易，象陰陽也。」至明清之際的著名考據家方以智仍持這種觀點。（參見《通雅》卷十二《天文》「陰陽」）「易」的本義就是變易。先有了「易」這種佔筮活動和方法，積之既久，便有了《周易》這本書。

「易」以數起，八卦所象徵的八種自然現象，都是由極簡單的奇數（一）和偶數（--）錯綜排列組合而成的。今人汪寧生透過對我國西南地區少數民族尚存的類似古代筮法的「數卜法」類推「易」之八卦起源，以為八卦源於數字卦❷。

譬如四川涼山彝族有一種叫「雷夫孜」的占卜法。巫師（俗稱「畢摩」）行筮時，先取來一束細竹簽或蓍草握於左手，然後右手隨意分去一小部分，再看左手所餘部分是奇數還是偶數，刻畫下來，如是者三次，即可得三個數字，巫師就根據這三個數字的奇偶排列來預測吉凶行止。

這種數卜，只有八種不相重複的排列組合狀況，即：

☷（偶偶偶）　☰（奇奇奇）　☴（偶奇奇）　☶（偶偶奇）

☳（奇偶偶）　☱（奇奇偶）　☵（偶奇偶）　☲（奇偶奇）

這正是八個單卦的卦象。張政烺、徐錫臺、樓宇棟更從周原等地出土的卜甲論定八卦之重卦卦畫也是以數字為符號的。❸索諸歷史文獻如：

> 龜，象也。筮，數也。物生而後有象，象而後有滋，滋而後有數。（《左傳・僖公十五年》）
>
> 參伍以變，錯綜其數。通其變，遂成天下之文；極其數，遂定天下之象。（《易傳・繫辭上傳》）
>
> 自伏犧畫八卦，由數起。（《漢書・律曆志》）

上述都說明易卦原於數字卦。「易」之「⚊」、「⚋」，作為一種符號，後來又被賦予了陰與陽的意義。所以《易傳・說卦傳》有「參天兩地而倚數，觀變於陰陽而立卦」的說法。「易」之卦象，是數與理的統一。就數而言，是奇數與偶數；就理而言，是陰氣與陽氣。以此為原點，衍生了爾後綿長的易文化傳統中的易學象數學派和義理學派。

關於八卦易法的創作者，《易傳・繫辭下傳》說：

> 古者包犧氏之王天下也，仰則觀象於天，俯則觀法於地，觀鳥獸之文與地之

宜，近取諸身，遠取諸物，於是始作八卦，以通神明之德，以類萬物之情。

包犧（一作伏羲）氏是傳說中的我國原始氏族社會時期居住在荊楚地區的苗蠻氏族集團一個部落的首領（一說為崇拜龍圖騰的氏族的祖先）。他作為中華始祖的精神象徵，其創作的八卦（現在尚無確鑿史料否認史有其人以及他曾創作過八卦），乃是透過觀天察地和對人自身以及周圍運動變化的物質世界的觀察取象而製成的。可見八卦易是我們的先民們有自己的文明史以來的實踐活動的思想成果，是他們智慧的結晶。關於八卦易的功能，《易傳・繫辭上傳》有過概括：「《易》有聖人之道四焉：以言者尚其辭；以動者尚其變；以製器者尚其象；以卜筮者尚其占。是故君子將有為也，將有行也，問焉而以言，其受命也如響。」四種用途，歸結為卜問，用以「通神明之德，類萬物之情」（《易傳・繫辭下傳》），從而指導人們日常的言語行為，預測行事的吉凶禍福。當八卦被神職人員分別賦予指物性含義，並進而重疊為六十四卦，係上卦名和卦爻辭以後，這便有了《易》。

漢人說：「三王不同龜，四夷各異卜。」（《史記・太史公自序》）又說：「（太卜）掌三易之法，一曰《連山》，二曰《歸藏》，三曰《周易》。其經卦皆八，其別皆六十有四。」（《周禮・春官・宗伯》）相傳《連山》為夏易，《歸藏》為商易，迄今不得見。

但從近年來各地考古發掘出的《易》簡與帛書看，今本《周易》之卦序和卦名、卦爻辭都有不同程度的差異。這說明卜筮這種迷信活動，不僅由來已久，而且經過了一個漫長的衍化過程，亦即不斷地篩選和模式化的過程。甚至可以說，《周易》是在《連山》易和《歸藏》易等其他雜筮之書的改造和融會的基礎上整理而成的。《周禮・春官・大卜》說：「凡卜筮，既事，則繫幣，以比其命。歲終則計其占之中否。」《周易》卦爻辭所用之事，大抵是從佔問記錄中選用的靈驗的典型事例，用以說明它的權威性。所以說，它是古代卜筮之官在三代以來積累起來的豐富的卜筮記錄的基礎上整理編纂而成的一部預測吉凶的法典。

《易傳・繫辭下傳》說：「《易》之興也，其於中古乎……其當殷之末世，周之盛德耶?當文王與紂之事耶？」從《易》之卦爻辭所反映的史實看，大約在西周成康時代便有了編定的初本。又據《左傳・莊公二十二年》（前六七二）「周史有以《周易》見陳侯者」的記載，說明《周易》之定本通行，當在春秋初年，其下限不會晚於公元前六七二年。

作為文化傳統的原典，通行本《周易》已經不是原始的占筮記錄，而是以佔筮吉凶為主要功能，同時又貫穿了它的編纂者們的世界觀和方法論原則的經驗性總結。

首先，六十四卦無一重複，其排列有序不紊，卦象取事寓理，均能自圓其說，不相悖謬。

其次，六十四卦之間，存在著一定的排列組合的變化規律，表現了它的作者們力圖從整體上去把握易卦爻變的思想。

再次，易卦的卦辭和爻辭各卦自成子系統，除占斷辭（兆辭）外，各爻之間多呈現出明顯的連屬關係，卦與卦之間，卦名與卦辭也有一定聯繫，在卦象和占斷上也可看出作者的功利觀、矛盾觀和變化觀。

所以，我們說，《周易》是先民們站在自己的實踐水平上，直觀地、經驗地反映世界和人類實踐，又經過占卜師改造製作的認識成果，是他們對天地萬物及其與人之間的因果關係的一種最高的、籠統而模糊的抽象。儘管它失之於朦朧、神秘的猜測，但畢竟是一種把握世界因果聯繫的方式。體現了科學思維的萌芽同宗教、神話之類的幻想的一種聯繫。惟其如此，它才被學者們理解為只有用符號表示出來的公式而沒有數目字的「宇宙代數學」，成為孕育中華民族特有文化素質的重要的中間環節。

正是《周易》這部近五千言的卜筮之書，蘊涵了中華民族爾後各種世界觀的萌芽。作為時代精神的精華和民族文化傳統的精髓的中國哲學思維，正是在神職人員用極簡單的「- -」「—」符號構築的陰陽、象數交與為體的系統中循環變化，由一代代思想家的革故鼎新的努力而獲得新生和發展的。

誠如朱熹所言：「《易》本為卜筮而作。」（《朱子語類》卷六十六）但作為卜筮之書的《易》，卻透過莫名其妙的卜筮形式與經驗的事例相結合，在表明自己功利主義心態的同時，也表達了對周圍世界以及人與周圍世界的關係的思考，包含了豐富的哲理因素，這正是它得以不朽的內在根據。首先是對世界本質的思考，其次是對世界存在方式的思考，第三是對人與自然的關係的思考。這些思考的根本意義在於一開始就用泛神崇拜否認了上帝創造世界的特創論，開啟了中國優秀的無神論傳統、辯證法傳統和天人合一的文化傳統。

此外，八卦「易」之卦畫符號，推進了我國古代觀念形態的文化的形成和文字的產生和發展。《周易》卦象和爻象相合的歌詩化的卦爻辭，推進了具有中國特色的傳統詩歌藝術的形成和發展。《周易》之卦象的有序排列和爻變的規律性，推進了傳統的審美意識的形成和發展。《周易》之卦、爻辭所選用的掌故、天文、人事、氣功、民俗等事例以及所表達的倫理道德，是非義利，價值觀念等等，這一切對於民族文化傳統的形成，無疑起了重要的文化要素和文化心理的積淀作用。可以說，直到今天，我國文化傳統中那些已經死亡了的和存活著的，人文的和自然的，科學的和宗教的，正面的和負面的東西，都可以在《周易》中找到它的身影。無怪人們今天面對人類所取得的一切文化成就時，常常流露出一種「古已有之」的自豪心態。

這正好說明，文化傳統不是一個超穩定系統，而是一個相對穩定的發展過程。一方面，它在不斷否定中更新著自己，所以今天的畢竟不是昨天的；另一方面，它又在不斷否定中保存著自己，所以今天的必然又保留著昨天的痕跡，所謂「亡焉，有不亡者存」。這正是《周易》問世以來，由《易傳》濫其觴，由秦漢至於明清、至於現代，說《易》之書汗牛充棟、代有所隆，大有「學不究《易》，不足以謂之學」的奧秘。而這又形成了中國文化傳統中的注經傳統。

公元前二一三年，秦始皇採納丞相李斯建議，下令焚毀私家所藏《詩》、《書》、百家語和《秦紀》以外之各國史書。《周易》被作為卜筮之書，與醫藥、種樹之書一起倖免於火。這說明《周易》原非儒家經典。入漢以後，隨著儒學的發展，《周易》被列為儒家群經之首，這與當時儒學受到尊崇的背景是分不開的。比如《易緯》的出現便是一個典型的說明。不僅如此，漢代黃老道家和其後的道教以及兵、醫、陰陽方技之家也都引《周易》以為據。這就使《周易》遠遠超出於一般儒經之上而取得了公認的地位。實際上，由於它的包容性，也同時取得了眾流之源的地位。

關於《易》的豐富內涵，誠如《易傳》所說：

《易》之為書也，廣大悉備。有天道焉，有人道焉，有地道焉。（《易傳·繫辭下傳》）

《易》與天地準，故能彌綸天地之道。仰以觀於天文，俯以察於地理，是故知幽明之故。原始反終，故知死生之說。精氣為物，遊魂為變，是故知鬼神之情狀。與天地相似，故不違。知周乎萬物而道濟天下，故不過。旁行而不流，樂天知命，故不憂。安土敦乎仁，故能愛。範圍天地之化而不過，曲成萬物而不遺，通乎晝夜之道而知，故神無方而《易》無體。

夫《易》，廣矣大矣！以言乎遠則不御，以言乎邇則靜而正，以言乎天地之間則備矣。（《易傳・繫辭下傳》）

這都是說《周易》有著極大的包容性。就空間言，範圍天地，自人身以至於天地萬物乃至於無限廣袤的空間，《易》道無所不在；就時間言，通乎晝夜，存在於一切事物的變化過程，原始反終，無限循環；就功能言，自人類社會及其周圍世界的一切變化，諸如治亂興衰、死生窮達、立身待物、天文地理、往來屈伸、幽明神鬼等等，盡在《周易》的陰陽消長之中。《易》道是放之四海而皆準的。因此，「《易》之為書也不可遠。」（《易傳・繫辭下傳》）

《易傳》的這種結論，歷兩千餘年而未能改。例如前引之《四庫全書總目提要・易類小序》說：

> 《左傳》所記諸占，蓋猶太卜之遺法；漢儒言象數，去古未遠也；一變而為京（房）、焦（贛），入於機祥；再變而為陳（摶）、邵（雍），務窮造化，《易》遂不切於民用。王弼盡黜象數，說以老、莊；一變而胡瑗、程子（頤），始闡儒理；再變而李光地、楊萬里，又參證史事，《易》遂日啟其論端，此兩派六宗，已互相攻駁。又《易》道廣大，無所不包，旁及天文、地理、樂律、兵法、韻學、算術，以逮方外之爐火，皆可援《易》以為說，而好異者又援以入《易》，故《易》說愈繁。

這裡表達了兩層意思：其一是說《易》學發展的曲折性和複雜性。自春秋以來，對同一部《周易》，由於神職人員和學者們的社會經歷、階級和學派立場、知識結構、價值觀念以及文化層次的不同，所採取的視角不同，所形成的結論自然也不相同，於是便有象數、禨祥、義理、史事各派的相互攻駁，其間不乏牽強附會者。自然，攻辯中易學也得到了發展。

其二是重申《易傳》關於「易道廣大，無所不包」的觀點。《易傳》和紀昀的看法固然未便盡當，但它卻說明了一件事實：中國幾千年的學術以至於大文化，少有離開《易》者。可以說，在中國的古文獻中，再沒有其他任何一部書超過了《周易》在民族文化心理中的熱度。《周易》自問世之日起，便成了當時人們處理日常行事以至國家大事的準則。這一點，《左傳》、《國語》等文獻中的例證很多。

戰國後期，《易傳》問世。由於《易傳》的探賾發隱，使《周易》在文化中的地位得到了明確。《易傳》本非一家一人一時之作，其在發揮《易》義的時候，一方面繼承了卜筮的形式，同時又改造了它的內容，表達了對天道規律、人事、階級關係以及鬼神觀念的新見解。

另一方面，它又站在道家的立場吸收和改造了儒家的政治倫理和哲學和道家的基本思想，將儒、道以至其他諸家之間的矛盾，努力地統一於《易》道之中，反映了戰國後期一統形勢大背景中傳統文化的趨同性，同時也反映了《周易》在儒、道、陰陽、兵、醫、方技諸流派中共同的文化價值。

二、中國的人文精神

(一)人文精神界說

人文精神，率指人類的文化精神。一般以為，「人文」範疇起源於十四世紀歐洲的資產階級文藝復興時期，是文藝復興文化的基本範疇。當時的人文主義思潮，針對以基督教神學為中心的封建文化，熱衷於發掘古希臘、羅馬的文化遺產，對其語言文字、自然科學和哲學進行研究，提倡一種以人和自然為研究對象的非神學的世俗文化。人文主義反對中世紀揚神抑人的觀點，反對神學禁欲主義和所謂「來世」觀念，反對封建等級束縛，反對教會的經院哲學和蒙昧主義等，而重視人的價值，強調人的高貴，贊美人的力量，頌揚人的特性和理想，提倡尊重人的獨立人格，發展人的事業，滿足人的欲求，認為人是生來平等的，肯定個人的品德、才能和努力對於社會發展的重要作用。因而具有一種鮮明的資產階級啟蒙性質。

當時的人文主義學者借用拉丁文 humanities（人文學）來界定這種學說。人文學的產生，意味著一種以世俗的人為中心，提倡人性或人道的新的世界觀、價值觀開始取代宗教神學的舊世界觀、價值觀。因此，人文精神又可以稱以人間的世俗現象為中心和衡量取捨尺度的批判神學中心的精神。事實上，這種啟蒙意義的人文，乃是翻譯時對《易傳》「人文」概念的借用。《易傳・賁卦・彖傳》說：

> （剛柔交錯），天文也；文明以止，人文也。觀乎天文，以察時變；觀乎人文，以化成天下。

「人文」是相對「天文」而言。天之文表現為陰陽、剛柔，一雨一霽，一溫一涼，交輪代錯，此是自然（天）之飾，體現了天之美德；而人之文則應是天德的世俗化，體現為禮法儀則等人倫，行其所當行，止其所當止，相互制約、補充和依存，此是人之飾，體現了人之美德。所以觀天之文，把握自然界寒暑、陰晴、晝夜變化的規律性，以審時度變，節宣政令；觀人之文，效法天地自然之道，化性起偽，以成就天下人的美德。此是「人文」的本來意義。

毋寧說，人文精神乃是一種體認和效法天地之道，以禮義儀法去教化和規範社會的人及其行為，化性成俗，改造和美化社會的一種道德精神。

人文精神尤其強調人在對天道認識的基礎上，充分發揮自身的主觀能動性，對進退、存亡、死生、榮辱做出正確的價值判斷，從而進行取捨和追求，以美化人的生活，實現人的價值，因而它與「神文」是相矛盾的，所謂「捨諸天運而徵乎人文」。（《後漢書・公孫傳》）但是，它與自然意義上的天文是相依存的。

人文精神有其特有的形成背景和歷史淵源，正是這種不同的生成資源，形成了不同國家和民族不同的人文精神。從這個意義講，人文精神，應該說也就是民族文化精神。這種精神，是在特定的地緣、氣候、語言、風俗習慣以及政治、經濟等社會生活中長期積淀而形成的。它一經形成，又具有相對穩定性和獨立性，對該民族的經濟、政治、文化、風俗等方面發生重大影響。

一個民族不同時代的精神風貌都是該民族精神的體現，而人文精神則是蘊涵於不同時代精神之中又超越於其上，同時又處於發展過程中的意識系統。人文精神是諸文化要求的復合體。簡言之，有以下一些方面：

其一，認知方式。

人是以創造第一件勞動工具告別自然界的。當人從自然界異化出來，結成人類社會以後，就開始了以自然界、社會群體和人自身為認識對象的無限認識生涯。因為生存和發展的需要，人首先必須解決衣食住行等生計問題，這就必須和周圍世界發生聯繫，認識它、改造它、利用它為自身服務。人類的認識，自古以來就是和生產勞動緊密地結合在一起的。勞動實踐產生了認識，又推動了認識向前發展。人類認知客觀世界的方式由於文化背景的不同而不同。所以，一個民族的認知方式是區分不同民族精神的標誌之一。

其二，語言文字特徵。

語言和文字是一種民族文化特有的標誌。一方面它是先民們在長期的勞動、生活中逐漸產生、創造和發展起來的；另一方面，它又成為人們認識世界、交流思想和創造文化的基本工具。語言借助人的聽覺表達思想，文字是語言的表象，又是可誦讀的語言。不同民族有不同的語言和文字，它們對各民族文化精神的形成、發展、延續和傳播起著不可缺少的作用。

其三，風俗習慣。

風俗習慣是一個民族對自身在特殊環境中逐漸形成的生活方式、認知方式和某些認知結果的認同。從而成為該民族世代沿襲而很難移易的社會風尚，而它又是孕育民族精神的一個重要因素。

其四，宗教信仰。

作為一種文化現象的宗教信仰，是人們在認識和征服客觀世界過程中對自身力量信仰不足時產生的一種心理寄托。原始的宗教信仰，反映了人們對真善美的一種追求和趨吉避凶的功利主義心態。宗教信仰可以調節和平衡一個民族的心理狀況，凝聚民族精神，抑制或激揚民族情感。

其五，處世哲學。

現實的人都面臨一個如何處世的問題。作為時代精神精華的處世哲學，最能反映一個民族的精神性格。

其六，審美情趣。

它是人們在現實意識基礎上的一種超越現實意識的自由創造。「愛美之心，人皆有之」。然而追求什麼美則反映了一個民族文化心理結構中深層次的精神情感。

其七，道德意識。

道德是一定社會調整人們之間以及個人與社會之間的行為規範的總和。道德對於人文精神的形成有著重要的作用。不同民族、不同階級有不同的道德。道德意識對於規範一個民族的行為方式和精神內涵具有重要的作用。

其八，人格理想。

人格理想是陶鑄人文精神的一種最高道德境界。每一個民族都以自己崇拜的心靈偶像作為本民族的楷模。他們是民族精神的象徵，是民族精神的完美體現，也是民族的驕傲。他們對民族貢獻的方面可以不同，但同樣是偉大的。每個民族都用這種人格來施行教育、炫耀光榮，作為本民族延綿發展的理想人格。

其九，價值觀念。

此處是指包括了人生價值、人格價值、道德價值、審美價值、功利價值等在內的價值觀念的總和。它是一個民族衡量輕重得失、臨事取捨、做出行為選擇的思想原則。人文精神往往由對具體事物的價值判斷，諸如義與利、忠與奸、善與惡、美與醜等及其行為取捨表現出來。價值觀念一般隨著生產方式的變革而改變。但有一些在長期的歷史發展過程中積淀下來的反映該民族本質特徵的觀念，卻是該民族所固有的不容改變的東西，一般由這些方面維繫不同民族精神的質的規定性。自然，它們中也仍存在共性和個性的區別。

(二)《周易》與中國人文精神

1. 中國的人文精神

毫無例外，中國的人文精神也是一個由理想人格、經世原則、道德情操、政治信念、處世哲學、價值觀念、審美意識等諸多層面復合而成的意識形態系統。大體可以概括為十二個方面：

(1) 天人合德、內聖外王的理想人格。

中國人的理想人格是與天地合德，與日月合明，與鬼神合吉凶。天乃至善之天，人亦應為至德之人。人可經由格物、致知、誠意、正心、修身成聖，進而齊家、治國、平天下。

(2) 崇一尚獨、膜拜聖賢的政治信念。

中國古代的貴族統治階級，從階級的利益和歷史的經驗出發，為人們樹立了聖賢偶像的權威，所稱堯、舜、禹、湯、文、武、周公、孔子即是。他們提倡以一馭多的聖王之治，從而形成了一種崇拜聖賢絕對權威的政治信念。

(3) 重人輕神、順天法道的認知方式。

古代中國沒有系統的「神創論」。神話傳說中的鬼神，被賦予某種特殊人格。所以有「夫民，神之主也」，是以「聖王先成民而後致力於神」（《左傳・桓公六年》）的說法。春秋時人多用「陰陽之事」解釋自然和人事現象，認為「吉凶由人」，非神力所致。故人最為天下貴。盡人力而順天道則昌，反之則亡。這種認知方式是天人合一的整體思維模式的行為選擇，與西方的創世說是大相徑庭的。

(4) 自強不息、立功成器的經世目標。

人的功利目標是趨利避害、趨吉避凶的，所以人不能消極對待宿命。正因為人道有為，所以，刻苦奮鬥、自強不息地創立功業便是君子之行。

(5) 厚德載物、兼愛天下的道德情操。

中國人提倡寬仁厚義，表現了一種濃厚的寬容、愛人、忠恕的道德情感。

(6) 忠誠愛國、視死如歸的民族氣節。

民族氣節是道德的一種最高形態，也是聖、王人格的必具內容。它是一個民族在敵國外侮面前貞固節操、凝聚力量、保護生存、發展壯大的精神支柱。中華民族從來就景仰那種威武不屈、以身殉國的高風亮節。這種精神已經發展為我們優秀的愛國主義精神傳統。

(7) 安貧樂道、奉常處變的處世哲學。

處世哲學包括人生觀和世界觀，亦即人生哲學，最能反映一個民族的精神性格。中國人以為，天地可以變化，命運也是變化的，但天人之道是不變的，因此要奉道、衛道，安於現狀，處變不驚，不怨天、不尤人。

(8) 重道輕藝、重義輕利的價值取向。

中華民族傳統的價值觀念是以道德為準繩，因此，在道德價值取向上，往往表現為重道而輕術，視形上之道為本，而視技藝為形下之末；在義利關係問題上，則主張先仁義而後功利的價值取向。

(9) 貴生重死、和光同塵的出世情懷。

中國人在積極的經世失敗以後，往往走向消極的一面。所謂「達則兼濟天下，窮則獨善其身」，「天下有道則顯，無道則隱」，和光同塵，與世無爭。這為道家長生久視之貴生說和佛家修持涅槃之重死說作了佐證。出世也便成了入世、經世的一種必然補充。

(10) 觀中、守中、力致中和的修身原則。

中和之道，被統治階級視為一種最高的道德原則。實現理想人格，必須力致中和，這是中國的儒、道、釋家的共識。道家的修煉、佛家的修持、儒家的修養，功夫都在於此。

(11) 對立統一、整體和諧的審美情趣。

審美是人們在現實基礎上的一種超越現實意識的自由創造。中國傳統的藝術審美，無論詩、書、畫、樂、舞，都以對稱統一、整體和諧為評判標准，謂之溫柔敦厚的中和之美。這與以中和為至德的中道觀是一致的，它是中國傳統道德哲學、價值哲學、處世哲學的藝術哲學體現。

⑿ 懼以終始、慎獨敬德的憂患意識

憂患意識是中國人文精神的一條主軸。從人格理想、認知方式到處世哲學等等，其價值取向都在於釋除憂患。人所憂患的是對天道的背離，即行為違背了天德所造成的惡果。所以，中國的人文精神更注重道德人倫的規範與要求。中國的貴族統治階級所倡導的「憂以天下，樂以天下」，「居安思危」等精神，培育了我們這個民族謹慎敬德的性格。這是一種極重要的精神遺產。

誠然，由於階級利益和學術主張的不同，其所倡導的人文精神也不盡一致，而這恰好形成了一種精神的互補。其優劣得失，有待於今天去做出合理的價值評判。

2.《周易》與中國人文精神

人文精神，肇始萌生於《周易古經》，奠定於先秦，形成於戰國秦漢，成熟於漢以後漫長的封建社會的歷史進程之中。在這個過程中，它自身也因歷史時空的轉換而不斷地自我批判、否定和優化、更新。這也是《周易》所謂的「生生不已」、天地之「日新盛德」。

如前所述，中國的文化傳統是易文化傳統。易文化傳統形成的過程，也是中國人文精神不斷積累、選擇、優化的過程。中華易文化對中國的人文精神的形成具有決定作用。

(1)《周易》奠定了中華民族以經驗型為主的、天人合一的整體的認知結構體系。

這種體系具有以下特色：

第一，封閉的循環變動性特色。

《周易》給人的第一印象，是一個由八個單卦和由其相互重疊而成的六十四卦組合而成的整體。構成這個整體的圖式是：「道」→「兩儀」→「四象」→「八卦」→「六十四卦」。正如《易傳》所云：「是故《易》有太極，是生兩儀，兩儀生四象，四象生八卦，八卦定吉凶，吉凶生大業。」（《易傳・繫辭上傳》）事實上，這是一個由「數」和「象」奠定的宇宙萬有統一於道的系統的認知結構。《左傳》云：「龜，象也；筮，數也。物生而後有象，象而後有滋，滋而後有數。」（《左傳・僖公十五年》）這個結構的外在形式是「象」。八卦是利用「偶」（⚋）「奇」（⚊）之數，根據天道、地道、人道的「三才」原則排列組合而成的八種不相重複的圖像，分別用來指代人們日常生活中最常見的八種自然現象。如：

☰（乾）	☱（兌）	☲（離）	☳（震）
天	澤	火	雷

☴（巽）　☵（坎）　☶（艮）　☷（坤）
風　　　水　　　山　　　地

至於六十四卦的指代意義，就更加繁複了。如是，則天道、人事便構成了多方位的聯繫。這個結構的內在形式是「數」。《漢書・律曆志》云：「自伏羲畫八卦，由數起。」根據近年考古工作的新發現，易卦實際是數字卦，它以奇（⚊）偶（⚋）之數作基礎，進行錯綜排列和重疊，形成一個相互聯繫的規律性整體。如果將奇偶之數視作道的陰陽兩體，運用一分為二的方法逐次分蘖，分三次便是八單卦；分六次便是六十四重卦。這說明易卦具有嚴密的數的規律性，依每卦六爻計，六十四卦共三百八十四爻，動一爻而影響全卦，反映了宇宙的多樣統一性和變化性，爻位的變化也有鮮明的數的邏輯。

《周易》六十四卦，以「乾」（䷀）首始，以「未濟」（䷿）終結，形成了一個封閉的圓圈，宇宙萬物都被含在這個封閉的圓圈之內，隱然給人有一種絕對真理體系的感覺。《易傳》說：「夫《易》，廣矣大矣……以言乎天地之間則備矣」；「範圍天地之化而不過，曲成萬物而不遺。」（《繫辭上傳》）這個體會比較貼近《周易》本義。

《周易》以「未濟」（䷿）為第六十四卦，是耐人尋味的。未濟表明過程處於變化之中，尚未完成。《周易》作者的這種安排，表明了試圖用有限體系去反映宇宙無限的變化的心態。細剖六十四卦，無一卦是不可以變化的，正如《易傳》所說：「《易》之為書也不可遠，為道也屢遷。變動不居，周流六虛，上下無常，剛柔相易，不可為典要，唯變所適。」（《繫辭下傳》）但是易卦之變，帶有一種物極必反的循環特徵。譬如乾（䷀），坤（䷁）二卦，乾為純陽之卦，坤為純陰之卦，如果各盡六爻之變，則兩卦的性質便會完全相反。其他諸卦莫不皆然。有的卦本身的爻變也可以看到這種情況，如乾卦由潛龍－現龍－躍龍－飛龍－亢龍的變化過程，反映了事物物極必反的規律性。這種循環往復的觀念，乃源自初民們對周圍世界的直覺印象。在他們看來，日月交替，陰晴變換，死生輪續，榮枯代謝，寒暑往來，以至氏族部落的興衰遞嬗，莫不是循環往復的。這種卦閉體系中的循環變動性觀念，遂成為中華民族思維的一個重要傳統。

第二，崇尚絕對的相對性特色。

《周易》的循環變動性，是以陰（--）、陽（—）的相對性為前提的。《莊子．天下》說：「易以道陰陽。」組成卦象的基本卦爻，同時也是《周易》指代的陰陽符號。六十四卦之卦象都是陰陽相對的，其相互變化，也取決於陰陽之間的相互消長，無怪乎《易傳》說：「乾，陽物也；坤，陰物也」（《易傳．繫辭下傳》），「乾坤毀，則無以見《易》。」（《易傳．繫辭上傳》）《說文》在釋「易」時說：「日月為易，象陰陽也。」《周易》把陰陽二氣作為認識宇宙萬有之間的聯繫的基礎，表明它的作者已把萬有事物的本質聯繫抽象為陰陽（矛盾）的對立統一。但是，這種對立的統一，卻被窒息在一個崇尚絕對的框架之中。

《周易》的作者既然以渾然的——「道」（《易傳》稱為太極）為宇宙之源，則陰陽自然被視作「道」的外化。在陰陽的矛盾對立之中，它又是揚陽而抑陰的。陽處於主宰地位。如：在《周易》卦序中，正是以純陽之卦的乾（☰）卦為首。從卦象的指代意義看，一般以陽為天、君、父、男、剛的象徵，而地、臣、子、女、柔則用來象徵陰。這個思想，《易傳》發揮得比較徹底，如說：「天尊地卑，乾坤定矣。卑高以陳，貴賤位矣……乾道成男，坤道成女。乾知大始，坤作成物。乾以易知，坤以簡能。」（《易傳‧繫辭上傳》）貴陽賤陰的思想，固然萌發於父權制時期，但經過《周易》的肯定，卻發展為一種崇尚絕對的觀念並在民族的傳統意識裡扎下根來。

第三，寓理於象的形象性特色。

《周易》是數、象、事、理的統一，由數而生象，因象而指事，言事以寓理。易卦所指之事，多係仰觀俯察，近取、遠取而來，其中不乏殷前期的故事，如「高宗伐鬼方」、「帝乙歸妹」、「喪羊於易」、「中行告公」等等。不僅如郭沫若分析，涉及古代的生產活動、社會習俗、統治階層、社會生活以及宗教、藝術（《中國古代社會研究》第一章《周易時代的社會生活》）諸方面，還有氣功養生學和自然知識如天文曆律等方面。

《周易》六十四卦，無一不是哲理詩，仍以乾（☰）卦為例，本卦六爻所指之事，乃是今所見之東方蒼龍七宿（角、亢、氐、房、心、尾、箕）所運行的星象。「潛龍」指冬天，「蒼龍」全體隱於地平線之下，當春分黃昏時，龍角始現於地平線上；繼而順時上升，夏至進陳列於天；立秋和秋分之間，角星降至西方地平線下，亢宿則處於西方地平線上；季秋孟冬之時，全體又復歸於地平線下。全卦借以表明了事物由不可為到可為、由弱到強、盛極復衰、物極必反的否定過程。再如艮（☶）卦：

艮：艮其背，不獲其身；行其庭，不見其人。無咎。
初六：艮其趾，無咎，利永貞。
六二：艮其腓，不拯其隨，其心不快。
九三：艮其限，列其夤。厲薰心。
六四：艮其身，無咎。
六五：艮其輔，言有序，悔亡。
上九：敦艮，吉。

本卦所指之事，正是一種練習氣功的過程。它透過真氣自腳趾至腿肚再至腰、身、頰、首諸經絡穴位的自下而上的運動變化，形象地說明了事物發展、變化的規律性，這種寓理於象的思維特徵，形成了爾後富於形象思維的優秀的民族傳統。

第四，內省頓悟的直覺性特色。

所謂直覺，是指不經嚴密的邏輯分析，直接從對形象的感觀到對神秘的把握的思維活動，是只可意會不可言傳的心理體驗的認知活動。就其發生而言，它帶有很大的偶然性和突發性，而不是步步推進；就其過程而言，它是心理體驗，而不是邏輯推理；就思維結果而言，它超越了感性，但又沒有脫離感性。直言之，直覺就是妙悟、頓悟。《周易》的直覺功能主要用於卜筮預測。即是由卜筮所得到的卦象，根據已掌握的信息去從中體認未知的信息。

我們一直處在信息社會中，而信息科學的發生發展還只是方興未艾。因此，對於這種認知特色，還有待於新世紀信息科學的新發展成果去闡明究竟。

《易經》而後，中國的直覺思維在大體上形成儒道二家，至於戰國後期，又形成源分流一之勢，即儒道二家會歸於《易傳》。因此可以說，是《易傳》實現了先秦作為顯學的儒家和道家的直覺思維方式的初步整合。

道家是以「道」為本體，以體自然之道為認知途徑，以心靈的虛寂、玄鑒、坐忘、「朝徹而見獨」為修養方法的直覺思維。儒家是以「仁」為本體，以體仁為認知途徑，以誠敬、涵養為修養方法的內省思維。它是人際交往的基礎，其最終目的是為了「贊天地之化育」。儒、道直覺思維的差別在於它們所體認的本體不同，一為自然之天，一為人倫之仁。這一基本的分別使得其認識的目的與方式也體現出不同的特色。儒家思孟學派以誠、仁為核心的性善論，是對孔子重仁、重內省思想的繼承和發展。荀子屬於以儒家思想為主吸取道家虛靜思想的另外一個系統。但在直覺這一點上卻是相同的。《易傳》在耦合儒道各家思想的基礎上，熔煉出一套儒道兼綜互補的以「窮神知化」、「極深研幾」為基礎的直覺的思維方式。其中透顯出的神秘性，對宋初周、邵、張、程影響至深，而以張載最為典型。張載講「窮神知化，與天為一」，此即為發揮《易傳》思想而來。《易傳》對《周易》所奠定的直覺思維方式的哲理化昇華，起了重要的仲介作用。可以說，沒有《易傳》的弘揚，《周易》的直覺思維在民族思維方式發展過程中不可能產生如此重大影響。

首先，從直覺思維的對象和方向而言，《易傳》完成了先秦直覺思維否定之否定的發展。它說：

> 一陰一陽之謂道……仁者見之謂之仁，知者見之謂之知。（《易傳・繫辭上傳》）

儒家偏於陽道，道家偏於陰道，《易傳》則言「一陰一陽之謂道」。在直覺對象上實現了「中和」；儒家偏向仁道，蔽於人而略於天；道家偏向智道，蔽於天而略於人，《易傳》則言，仁者見仁，智者見智，在直覺認識的方向上實現了「綜合」。從社會歷史根源看，這種思維的整合，反映了由亂到治的社會歷史趨勢；從認識發展來看，則實現了由《易經》的具體到孔老片面抽象的分途發展，到《易傳》思維具體的曲折上升前進的運動過程，反映了人類思維能力的提高與昇華。

其次，從直覺思維的方法和途徑而言，《易傳》則實現了先秦以儒道為主幹的直覺思維的整合，它講「極深研幾」。

夫《易》，聖人之所以極深而研幾也。唯深也，故能通天下之志；唯幾也，故能成天下之務；唯神也，故不疾而速、不行而至。子曰「《易》有聖人之道四焉」者，此之謂也。（《易傳‧繫辭上傳》）

但認為這只是達到「窮神知化」的必要準備。「知幾，其神乎」，（《易傳‧繫辭下傳》）最終是要達到「神而明之」。即其知洞徹無間，而至妙不測。正如《易傳‧繫辭下傳》所云：

子曰：「天下何思何慮？天下同歸而殊途，一致而百慮。天下何思何慮？」

「何思何慮」即思無定式，乃至於無所思慮，這種境界是直覺的境界。《易傳》又十分重視仰觀、俯察、近取、遠取之類的感性認識，但同時以「有見於天下之賾」，更須有以見於天下之簡。《易傳‧繫辭上傳》云：

乾以易知，坤以簡能。易則易知，簡則易從……易簡而天下之理得矣。

能洞察天地萬物變化之妙用即謂神。也即所謂「以通神明之德」。《易傳‧繫辭上傳》云：

知變化之道者，其知神之所為乎？

能瞭知變化之道，則會由衷感嘆萬物之能變妙用。神是能變之動力，至極微妙。

「知神之所為」，即「精義入神」或「窮神知化」。《易傳・繫辭下傳》云：

精義入神，以致用也；利用安身，以崇德也……窮神知化，德之盛也。

所謂「精義入神」是一種入神入定的精神境界，這裡的「入」，即是一種深邃的直覺。專精地研究精粹微妙的義理，到達神而化之的境界，則從心所欲而不逾矩，也就可以學以致用，這來自孔子之說；利用易理而安洽其身，則可以隨遇而安，怡然自得，崇德廣業，恰契道家之旨。它還十分強調「感」通的作用。說：

《易》，無思也，無為也，寂然不動，感而遂通天下之故。非天下之至神，其孰能與於此？（《易傳・繫辭上傳》）

它在解釋象、爻、卦、辭等之所以然時，又說：

聖人有以見天下之賾，而擬諸其形容，象其物宜，是故謂之象。聖人有以見天下之動，而觀其會通，以行其典禮，繫辭焉以斷其吉凶，是故謂之爻……極天下之賾者，存乎卦。鼓天下之動者，存乎辭。化而裁之，存乎變。推而行之，存乎通。神而明之，存乎其人。默而成之，不言而信，存乎德行。（易傳・繫辭上傳）

《易》一方面是無思、無為、寂然不動，默而成之，這顯然是吸取了道家思想；另一方面，若能感發志意而運用之，則終能通曉洞察事物的道理，「不言而信」，參與天地之化育，這顯然是受到儒家之道的影響。《易傳》將兩方面相容相兼，冶煉出一套直覺思維的系統理論，而歸之於神明，用「神而明之」在形式上又統一起來。「陰陽合德而剛柔有體，以體天地之撰，以通神明之德。」（《易傳‧繫辭下傳》）可以說對先秦儒、道直覺思維方法在內容上形式上都實現了一次大的改造和綜合。隨著經傳合一，且《傳》也被提高到經的高度，受到歷代統治階級的表彰，成為士子們習誦的重要典籍，因而播衍出悠遠深長的中華《易》文化直覺思維的傳統。

綜上所述，《易傳》把整個自然界和人類社會作為認識的對象，以《易經》為本原，對儒道《易》文化思想成果加以改造，既不偏向於天道自然無為的直觀，也不偏向於道德人倫有為的內省，而是將天道人倫化歸為「神」，作為主體體認的客體。以「無思」、「無為」釋《易》。這固然帶有將易導入神秘主義的傾向，但卻反映出中華《易》文化直覺思維理論在曲折中的上升和發展。它基本上奠定了易道直覺思維的範式，界定了後世整個哲學思維的發展路向。

從總體上看，《易》文化所奠定傳統思維方式逐漸凝聚成兩種思維模式。所謂思維模式，一般具有兩方面內容，其一是思維性質，其二是思維程式。它是思維方式的集中體現。思維方式總是由一定的思維模式表現出來。

其一是「太極、陰陽、五行化生萬物」模式。

這種思維模式以西周末年太史伯陽甫（生卒年未詳）（史伯與伯陽甫實為一人，時賢已有考定，茲不贅述）的「和實生物」的命題為代表。他認為，宇宙萬物並非神靈所造，而是「先王（聖人）以土與金、木、水、火雜以成百物」。（《國語‧鄭語》）他還認為，西周末年所發生的大地震是陰陽二氣發生矛盾，「陽伏而不能出，陰迫而不能蒸」（《國語‧周語》）所致。這種模式經春秋時期的《老子》到戰國時期的《易傳》和秦漢時期的《黃帝內經》而奠定下來，漢經隋、唐而至宋、元、明、清而得到進一步發展。從董仲舒（前一七九—前一〇四）而後，中國歷代思想家們，在論及宇宙生成與發展的問題時，都沒有擺脫這種思維模式的規範，他們中的分野，主要取決於太極（道）的屬性的不同判斷。至於中國源遠流長的中醫診斷學，至今仍然沿襲這種思維模式，其辨證施治的原則為醫家當然取法。

其二是經學模式。

漢代開始把先秦古文獻以及某些代表性著作稱為「經」。隨之又出現了以訓解或闡述儒家經典為宗旨的經學。（「經學」，指訓解或闡述儒家經典的學問。一般認為，經學萌發於春秋戰國時的子夏和荀況，崛起於西漢。經學大致可分三大派別：西漢今文學，偏重於儒家經典的微言大義；東漢古文學，偏重於儒家經典的名物訓詁；宋學，偏重於儒家經典的心性理氣。三派各有優弊。長期以來，經學被作為封建文化的正統，對中國封建制度的鞏固、發展和延續，起了很大的影響；對哲學、史學、文學的發展起了很大的制約。直至「五四」運動，經學始告終結。）漢武帝（前一五六—前八七）採納董仲舒建議，罷黜百家，表彰六經，獨尊儒術，是為經學時代的開始。他採取的措施是設立五經（《詩》、《書》、《易》、《禮》、《春秋》）博士，為博士立弟子員，成立國立太學，教以儒家經義。由於統治階級重視，說經遂成為利祿之途，說經者日眾，經說亦愈繁。

自宣帝時石渠閣會議諸儒辯五經異同以後，五經博士開始正式分家法。由崇拜經書而逐漸形成了思想史上的注經傳統和經學思維模式。自孔子授徒開注經之先河，韓非亦有《解老》、《喻老》之注，漢儒注《老》有十餘家之多，魏晉又有《莊》注，儒、道以外，又有《佛經》的譯注。人們思想的表達，體系的建立，往往通過注經的形式表達出來。後來甚至出現「六經注我」和「我注六經」之爭，這種經學思維模式和注經傳統延續至今。

從尊重傳統價值，凝聚民族精神，積累文化典籍的角度看，這種思維模式對中華民族的傳統文化的繼承、發揚，起到了重要的作用。但它卻帶有先天的自我封閉性，束縛了人的自由思考，成為傳統思維方式之一大弊病。

由《周易》奠定的中華民族的傳統思維方式，都包含在上述兩種思維模式之中。它成為貫通和規範整個中華民族共同的思維方式，成為生成和鑄就中國《易》文化傳統的文化基因。它對於形成中華民族優秀的文化傳統和人文精神無疑起了重要的積極作用。但其負面的東西也起了不良影響。

如上所揭示，中國傳統思維方式具有整體性、形象性、直覺性、循環變易性等特色。它們之間既相區別，又相聯繫。從橫向看，它們以天人合一的整體思維方式為本體，結成一個經驗綜合型的多元互補的認識結構體系；從縱向看，每種思維方式都貫穿了陰陽對立統一的辯證的思維原則。易卦系統，反映了作《易》者已經具有一種由陰陽對立統一求得整體系統的動態平衡的意識。這種動態平衡的意識，又決定了《周易》以中和為特色的天人合一的價值取向。

無論是爾後的儒家易學抑或是道家易學以至於兩漢之際傳入中國以後逐漸中國化了的佛學，都是分別從不同方面闡揚中和之道，以中和之道為真善美相統一的最高真理，從而形成了傳統的以中和為至德、大本的中國人文精神。

2.《周易》奠定了中華民族的語言文字特色

語言和文字是一種民族文化的特有標誌。一方面，它是先民們在勞動、生活中逐漸創造和發展起來的；另一方面，它又成為人們認識世界、交流思想和創造文化的基本工具。語言和文字是有區別的。語言借助人的聽覺表達思想，文字則借助人的視覺表達思想。文字是語言的表象，又是可誦讀的語言。因此，語言對文字的產生和發展，有著重要的影響。

關於漢字的產生，大體有五種看法。❹其中三種看法與《周易》有關：一是「結繩」說。所謂「上古結繩而治，後世聖人易之以書契」（《易傳・繫辭下傳》）。認為結繩為文字之肇端。一是「河圖」、「洛書」說。所謂「河出圖,洛出書,聖人則之」(《易傳・繫辭上傳》),認為「河圖」、「洛書」是易卦和文字的模本。一是「八卦」說,所謂伏羲氏仰觀,俯視,遠取,近取「於是始作八卦」,則八卦就是最初的符號文字。偽孔安國《尚書序》更進一步說:伏羲氏「始畫八卦,造書契,以代結繩之政,由是文籍生焉。」這三種看法各有一定道理,「結繩」說肯定了漢字從一開始就是一個個單字,這同我國古代語言的單語、單音是分不開的,而認為漢字是對「結繩」的否定(「易之」)。

第二種說法則肯定了文字與繪畫的原始關係。第三種說法肯定了卦畫就是最簡單的文字,這個觀點隨著越來越多的卜甲出土而逐步地得到了社會承認。一九七八年,張政烺、徐錫臺先生認定《周易》之八卦,是由原始的數字卦發展簡化而來❺。於是《周易》與漢字的關係明朗化了。當然,易卦符號只是原始符號文字之一種。漢字的發展,經歷了一個由簡單的刻畫符號到複雜的六書的發展過程,今天如此豐富的漢字,應該追溯到創作八卦的伏羲那個時代去❻。

中國的漢字,由於受單音的影響,表現出一字一音節的特色。這種字的讀音,又規定了民族語言中的「名」(即概念)的固有特色。漢語中的「名」由於單音節發音的關係,一般分為單名和兼(復)名。兼名又多表現為偏正結構和聯合結構。就其種屬關係言,又分為別名和共名。

一般來說，卜辭中的名（包括實詞和虛詞），在《周易》中盡有包含，且更見豐富，而相對於別名的共名更多。這是由於易卦的佔斷辭與卜辭屬同一性質，而易卦繫辭定型得更晚一些的緣故。自然《周易》沒有完全意義的哲學範疇，它所包含的陰陽觀念是用「⚊」、「⚋」符號表示的。但是，正是這種符號的假借，卻奠定了爾後「陰陽」範疇的雛形，從而成為中國哲學範疇的邏輯起點。由《周易》孕育和衍生的中國哲學範疇，如道、太極、陰陽、和同、中、天人、氣、本末、誠明、理欲等，無不具有鮮明的民族特色。有些範疇至今都不能用他國語言準確地翻譯出來，而它們都以頑強的生命力扎根在自己民族的深厚土壤裡，經受著外來文化的一再碰撞而愈益閃爍著異彩，顯示著它自身的不可代替的價值。

當然，除了民族思維方式與語言文字特色以外，中國傳統的宗教信仰、價值觀念、風俗習慣、審美情趣、道德倫理等諸多方面，也都深受《周易》和易學的影響。而這些都是構成中國人文精神的重要成分。

㈢儒家易學與道家易學

如前所述，中華民族文化精神是一個不斷積淀、發展的系統。作為原典的《周易》對它的形成產生過重要影響，易學對其積淀和發展也至關重要。如《周易》之占筮，曾發展為陰陽方技術數之學，受到秦皇、漢武、唐宗、宋祖等封建帝王的迷信推崇，並被推及民間，對中華民族精神主要發生了負面的消極影響。但其發展過程中對自然知識中數學、天文、曆法、醫學、化學等方面的發展也起了重要推動作用。對民族文化精神之科學傳統也有積極意義。對民族文化精神起過重要影響作用的，主要是儒家《易》學和道家《易》學。

1.《周易》與孔子

儒家易學的代表人物是孔子。孔子對中華文化傳統一個重要貢獻是以儒學的基本精神弘揚了《易》道。一方面，孔子「晚而喜《易》」，鑽研《易》理以至「韋編三絕」，開創了《易》之義理學。其主要內容是抓住《易》之「中和」觀念，以中庸為天下的「至德」，表達了儒家天人合一的觀念；另一方面，孔子授徒以《易》，擴大了文化傳統中儒家《易》學的影響。有漢一代，出現了以孟喜和京房為代表的官方《易》學和以費直為代表的民間《易》學，這些都是儒家《易》學及其流變。

孔子晚年對《易》進行研究，喜歡到「居則在席，行則在囊」的程度，只是沒有作《易傳》。戰國中後期出現了《易傳》，是儒家後學在吸收道家思想的基礎上，將《周易》進行哲理和倫理改造的代表作。它在肯定《易》的占筮迷信前提下，以義理的象數解《易》，較早也較全面地反映了後期儒家的《周易》觀。《易傳》認為，《易》的主旨有兩點：

一是「崇德廣業」。即由《易》來充實自己的德性，擴大自己的業績。「乾」之

《象傳》說：「天行健，君子以是自強不息。」「坤」之《象傳》說：「地勢坤，君子以厚德載物。」這都是儒家（後者實為吸取了道家守柔的思想）借說《易》所推崇的德行。這種倫理道德觀念，與儒家以「三綱」、「八目」為人格理想，以堯、舜、禹、湯、文、武、周公、孔子為楷模，以積極有為的態度直面人生，以「忠恕」和「中庸」為立身處世的准則等理性精神是一致的，對於形成和發展優秀的人文精神十分重要。

二是「極深研幾」。即透過對《易》的研究，窮極其深奧抽象的哲理，研究其極微妙的運動變化機制。但《周易》的變化觀非但沒有突破《易》的封閉的形而上學，而且尊陽賤陰。提出「天尊地卑，乾坤定矣；卑高以陳，貴賤位矣」（《易傳•繫辭下傳》），用以論證綱常名教和專制主義的合理性。這對於抑制和扼殺中華民族的主體意識和民主精神起了重要的負面作用。

此外，在文化價值的評估上，《易傳》明顯地貫徹了孔子「重道輕藝」、「重義輕利」的思想。《易傳》以為，《易》是「聖人」為政治鬥爭而作，飽含憂患意識，以「順性命之理」，從而把《易》中包含的豐富的自然知識因素給遺棄了。民族的智慧之光被籠罩在嚴實的迷信和倫理道德的濃霧之中而不能為自己啟明。以中華民族的勤勞和智慧，創造了優秀的科學和技術，但長期以來，被正統儒學視作「奇技淫巧」而得不到提倡和鼓勵。尤其是宋元以來，理學得到倡揚，儒家易學十分發達，而中國自明清而漸趨落後，這中間的因果聯繫是不言自明的。

2.《周易》與老子

道家《易》學的代表人物是老子。他摒棄傳統的天命神學的蕪言謬論，突破道德概念的本然含義及其所受的政治倫理方面的局限性，將其上升為哲學範疇，進而使有無、本末等範疇第一次獲得完全意義的哲學含義，從而使傳統的宗教倫理哲學昇華為理性的思辨哲學。同時提出因任陰陽自然，無為而治，重視人生，揭露禮治、仁義的虛偽本質等，是老子對中華文化傳統的主要貢獻。更為重要的是，老子以道家之學的基本精神弘揚了《易》道。

關於老子與《周易》的關係，隨著馬王堆漢墓帛書和湖北荊門郭店楚簡的出土，證明其關係是密切的。縱觀《老子》五千言，無一言直接言《易》，但《老子》之主旨卻與《易》道一脈相承。《老子》道本於《易》道，是《易》道的繼承和發展。《易》道尚變、貴柔、尚中和等等，在《老子》中都有確解。

《老子》構建的以道為始點和終點的、封閉的、循環變動的體系，與《易》道之封閉的循環變動性是一致的。在《老子》體系中，一切範圍都是相對而存在，相交而變化的，所謂「萬物負陰而抱陽」。但相對的萬物莫不「尊道而貴德」，這與《易》道之崇尚絕對的相對性是完全吻合的。作為哲理詩，其用自然和社會現象為喻，闡述「道」的本質和規律性，與《易》道之寓理於事的形象性也是相同的。這都說明《老子》是對《易》的繼承和發展。

由《老子》至秦漢黃老之學發展而成的道家（東漢以後流變為道教）《易》學，在文化史上起到了救儒之弊、補儒之偏、獨標新意的作用。它比較傾向於對《易》中所包含的自然知識的繼承發展。由於黃老之學在漢代所享受的特殊地位，漢代《易》學，無不帶上老學色彩。

東漢末，隨著黃老之學的道教化，魏伯陽著《周易參同契》，將《易》之象數引進丹術之中，倡言煉丹服餌可以養生延壽以至成仙，從而開創了道教《易》學流派。後經唐五代道教學者的繼承，至宋發展成為陳摶、周敦頤、邵雍等人為代表的「圖書之學」，其學對於自然科學的產生和發展，起了重要的準備和推動作用。從漢晉的「河洛」之學，《周易參同契》到宋代道士陳摶的「先天圖法」、周敦頤的《太極圖說》、邵雍的「先天」、「後天」《易》學等等，充分體現了道家（道教）在《易》文化的發展方面對於中華民族文化心理素質的積淀和發展所作的重要貢獻。

尤其是道教易學中所包含的導引、行氣、服食、按摩、居處、房中、養性等諸多方面，一直牽動民族的好奇、探索心。當然，也應看到道家《易》學在其發展過程中摻雜了陰陽方技之術，在其向道教流變的過程中，由於自身生成和發展的需要，一方面要迎合官方統治者的心理，另一方面又要同佛教抗衡，於是便牽強《易》理，結合原始的民間巫術，播生出種種世俗迷信。

《易》本為卜筮之書，本身帶有濃厚的神秘色彩，二者之間的結合，又使一切科學的萌芽裹足不前，形成了民族文化傳統中的惰性。而這種惰性，又決定了道家（教）以全身、葆真、順性、養親、盡年以至超脫生死為價值取向，反對仁義說教，主張絕聖棄智、無為處下，回避矛盾，靜觀候復等等。這種安於現狀、自欺欺人的思想與儒家樂天知命的處世哲學如出一轍，形成了民族文化精神中的一種「劣根性」。在認識《易》文化與中國人文精神的關係時，須正視儒家《易》學與道家《易》學的二重性對中國人文精神的雙重影響。

三、「作《易》者其有憂患乎？」

(一)《周易》與憂患

如前所述，《周易》文本的形成，經歷了一個漫長的發展過程。它並非一人之作，而是古代卜筮之官在三代以來積累起來的豐富的卜筮記錄的基礎上整理編纂而成的。

《周易》的形成，大抵有兩個階段。其一是對卦畫進行排列組合，形成八種不相同的卦畫，即後來所謂的八卦或稱為單卦或經卦。其二是對八卦賦予指物性名稱，並對其進行交錯重疊，組合成六十四卦，排列順序，配以卦爻辭。關於八卦的創作者，《易傳・繫辭下傳》有個說法，認為是伏羲（一作包犧）氏仰觀俯察，近取遠取，根據天地間呈現的不同現象而作的，它反映了先民們對宇宙人生以及人與自然、社會的一種形象的思維。

伏羲氏實為我國原始氏族社會末期居住在荊楚地區的苗蠻氏族集團一個部落的首領。他作為中華始祖的精神象徵，製作八卦，用以「通神明之德，類萬物之情」，溝通神人、物物之際，這是很有可能的。那麼，又是誰將八卦推演成六十四卦呢？《易傳・繫辭下傳》也透露了一點信息。它說：

《易》之興也，其當殷之末世，周之盛德耶？當文王與紂之事耶？是故其辭危。危者使平，易者使傾。其道甚大，百物不廢。懼以終始，其要無咎。此之謂《易》之道也。

《易》之興也，其於中古乎？作《易》者，其有憂患乎？

其稱名也，雜而不越，於稽其類，其衰世之意耶？夫《易》，彰往而察來，而微顯闡幽，開而當名辨物，正言斷辭，則備矣。其稱名也小，其取類也大。其旨遠，其辭文。其言曲而中，其事肆而隱。因貳以濟民行，以明失得之報。

這幾段話表明：第一，《易》之興盛與發展，當在「中古」時期，也即是「殷之末世、周之盛德」的殷周之際。第二，《易》所反映的主題，是周文王與商紂王之事。此非個人之事，而是國家安危治亂之事。第三，作（按此「作」宜解為推演）《易》之人，有強烈的憂患意識，表現了一個政治家處於「衰世」的高瞻遠矚的責任心。這個人到底是誰呢？司馬遷認為是周文王姬昌。他在《史記》中不止一次地說：

昔西伯拘羑里，演《周易》。（《史記・太史公自序》）

文王拘而演《周易》。（《史記・報任安書》）

西伯蓋即位五十年，其因羑里，蓋益《易》之八卦為六十四卦。（《史記・周本紀》）

其後，班固亦認為：

至於殷、周之際，紂在上位，逆天暴物，文王以諸侯順命而行道，天人之占可得而效，於是重《易》六爻，作上、下篇。（《漢書・藝文志序》）

遷、固之言，後來頗有人懷疑。如清人顧炎武在《日知錄》中說：

太卜掌三易之法，其經卦皆八，其別皆六十有四。考之《左傳》襄公九年，穆姜遷於東宮，筮之，遇「艮」之「隨」。姜曰：是於《周易》曰：「元亨利貞，無咎。」獨言是於《周易》，則知夏商皆有此卦，而重八卦為六十四卦者，不始於文王矣。

近人顧頡剛亦認為，《周易》卦爻辭中許多典故明顯為文王以後的事，不可能是文王所作。（參《周易卦爻辭中的故事》，見《古史辨》）其實這並不矛盾。因為

《周易》之重卦與作卦爻辭，不可能只是周文王一個人，尤其是卦爻辭，應是其後神職人員不斷選擇、完善的結果。而文王重卦之功，則是有未見否定的鐵證的。

問題還不在於文王是否重卦，而是在於推演八卦的動機。史載文王姬昌乃周之始祖後稷之後，季歷之子。季歷死，姬昌立，仍事於殷受封為西伯侯。時值殷商季世，商紂暴虐，不得民心，四方諸侯，紛起反抗。而文王則禮賢下士，勤政愛民，倡導文治武功，一時成為人們心儀的精神領袖，追從者眾，以致引起商紂的疑忌。商紂聽信了崇侯虎的教唆，將姬昌囚於羑里，使其不得從事政治活動。

文王姬昌在被羈的七年之中，以其虛寂苦悶之心，反思殷商之盈虛得失，以其憂患之身和聰明睿智，期望利用簡單的八卦爻畫符號，進行重疊組合排列，求得變通持久之道，這也並非沒有可能。

相傳的「文王後天八卦圖」：以離坎代乾坤二卦之位，其序為出「震」(☳)、齊「巽」(☴)、見「離」(☲)、役「坤」(☷)、悅「兌」(☱)、戰「乾」(☰)、勞「坎」(☵)而以「艮」(☶)為終始。以及由八卦重疊組成之六十四卦並所繫的卦辭，其主題反映了文王於憂患中的求變心態。

作為殷商的屬臣，眼見昔年虎虎生氣的政權如此腐敗墮落、荒淫殘暴、先王基業瀕於崩潰，豈能不憂慮？其次，恭行正道的自己，不僅得不到支持，反而要被拘繫，公道何在？又豈能不憂慮？大廈將傾，足供借鑒的方面是很多的。《易傳》以為，演

《易》者正是試圖通過殷商王朝衰敗的現實，總結其所以衰敗的原因，「明失得之報」，「彰往而察來，而微顯闡幽」，危辭以使之懼，警告來者，演《易》者認為殷紂之所以衰敗，在於喪失了德行。所以他十分注重德。

《易傳・繫辭下傳》認為，《易》之六十四卦所表示的，都是道德的不同方面。「是故《履》，德之基也；《謙》，德之柄也；《復》，德之本也；《恆》，德之固也；《損》，德之修也；《益》，德之裕也；《困》，德之辨也……」等等。應該說，是深得演《易》者之心的。

據《史記》載，商部落自湯滅夏建國，傳十七代、三十一王，約五六百年。商代曾經創造了我國奴隸制發展的輝煌業績。商傳十世至於陽甲，由於王室眾多兄弟爭權奪利和奢侈腐化無度，政治衰亂，多種矛盾激化。陽甲死，其弟盤庚繼立，遂遷都於殷，以圖振興。殷商凡八代十二王，除武丁、祖甲二王較有作為以外，其他各王多是荒淫、昏亂、殘暴之主。

據《尚書・無逸》說：「自時厥後，立王生則逸。生則逸，不知稼穡之艱難，不聞小人之勞，惟耽樂之從。」到末世帝乙、帝辛（紂王）時，王室腐敗，可謂登一時之極。史載商紂「厚賦稅，以實鹿臺之錢，而盈鉅橋之粟；益收狗馬奇物，充仞宮室；益廣沙丘苑臺……大聚樂戲於沙丘，以酒為池，懸肉為林」（《史記・殷本紀》），以剝削廣大奴隸的生計為沉重代價，換取奴隸主貴族的驕奢淫逸。另一面，上層貴族統治集團屢屢發動對夷方和其他國家的掠奪戰爭，破壞生產，塗炭生靈。廣大奴隸和平民不堪重負，怨恨已極。「小民方興，相為敵仇」，整個社會「如蜩為螗，如沸為羹」，釀成嚴重的社會危機。

正值此時，西伯姬昌受疑被羈，能否獲釋，重組力量，發揮自己的政治才能，取代已徹底腐敗的殷紂政權，維護奴隸主貴族集團長遠而根本的利益，這應該說是西伯姬昌憂慮的一個重要問題。當時，如何理想地解決以小國周取代大國殷的現實矛盾，釋憂解患，繫於獄中的貴族姬昌，是有條件、有可能去推演八卦制定戰略的。

考諸六十四卦之卦爻辭，確也貫穿了一條憂患以及如何解脫憂患，趨吉避凶的思想路線。《易經》六十四卦。其上經三十卦，下經三十四卦，「乾」、「坤」二卦為其門戶。「乾」為純陽之卦，其爻辭是觀天象取法龍（蒼龍七宿）星之升降變化而來。演《易》者以龍自喻，告誡自己要朝乾夕惕，不可以輕舉妄動，忘乎所以，以至招致悔吝。「坤」為純陰之卦，其爻辭是取法於地之各種現象變化而來。演《易》者言「履霜，堅冰至」，形象地告誡人們前途預伏著危機。甚至要發生「龍戰於野，其血玄黃」的情況。

反映「乾」「坤」兩卦爻位變化而形成的各卦之爻辭，雖然取事不同，但基本精神是一致的：積極、謹慎、小心地求變，趨吉而避凶。故《繫辭下傳》說它「其稱名也小，其取類也大。其旨遠，其辭文。其言曲而中，其事肆而隱。」「其辭危。危者使平，易者使傾。其道甚大，百物不廢。懼以終始，其要無咎。」

正如《易》以道陰陽而未言「陰陽」一樣，《易》重憂患而未言「憂患」。據夏乃儒先生，「憂患」一詞大概產生在戰國中期。但自殷周之際，由《周易》所奠定的這種憂患意識傳統，滲透在民族文化心理之中，形成了一種深沉的積淀。應該說，殷周以前，由於天命思想佔據牢固的統治地位，還未遭到懷疑，奴隸主貴族上層統治集團一味崇信天命，以為統治權力是天之所命，故爾為所欲為，放膽荒淫。

商紂在覆亡之前，大臣祖伊向他報告了國內的不穩定和周人的軍事進犯情況，問他準備採取什麼措施？他卻以「我生不有命在天乎！」（《史記・殷本紀》）頂了回去。周代殷立之初，「武王皇皇若天下之未定。」（《尚書大傳・大戰》）一方面紂之部分舊部圖謀復辟，蠢蠢欲動，相鄰部族亦不安定；另一方面，內部也釀著危機。武王早死，成王以沖齡繼位，權力之爭如火之待燃，面對內憂外患，攝行王事的周公旦及其統治集團，除了採取政治上和軍事上的措施以外，在上層建築意識形態方面，提出了「敬德保民」、「以德配天」的理論，論證了殷之所以亡於周的道理，告誡各級受封的統治者要明德慎刑，恪盡職守，禮賢下士，注意民情，順從天意，常存憂患敬畏之心，從而漸漸形成了「居安思危」的憂患意識傳統。

徐復觀先生認為：「憂患意識乃人類精神開始直接對事物發生責任感的表現，也即是精神開始有了人的自覺的表現」（《中國人性論史》）；夏乃儒先生說：「憂患意識首先是一批睿智的哲人、歷史的覺醒者、傑出的政治家所懷有的」。（《憂患意識源流探》、《傳統文化與時代》）這些看法都是十分精到的。

㈡《詩》、聖、賢哲的憂患之思

這種奠定於《周易》、形成於殷周之際的憂患意識，成了聖賢、以至君子士人的一種高尚情懷，在其後的文學和思想史著作中，得到了強烈的凸現。其例不勝枚舉。

從規模上號稱第一部詩歌總集的《詩經》，分風、雅、頌共三百零五篇，孔子曾概括其共同特徵說：「《詩》三百，一言以蔽之曰：思無邪。」（《論語・為政》）「思無邪」，是說它的主題關係到國家大事和社會風化，充滿了憂患意識。這種意識是透過其作品對先王德行的歌頌、對暴君荒淫的鞭笞，對統治階級的諷刺，對上天的詛咒，對社會矛盾的揭露等形式表現出來的。

「心之憂矣，我歌且謠。」（《詩・魏風・園有桃》）著名思想家王夫之因處在明清之際這一特定歷史環境，對《詩經》中的憂患意識體會得尤為深刻。這裡不妨從風、雅、頌三類各撿一首以證明之。

其一，《詩・國風・黍離》：

彼黍離離，彼稷之苗。行邁靡靡，中心搖搖。知我者，謂我心憂；不知我者，謂我何求。悠悠蒼天，彼何人哉！

這首詩的背景是：西周腐敗，犬戎攻破鎬京，殺死了昏暴的幽王。平王東遷洛邑，以東周取代之。有大夫某回到鎬京故都，見被毀壞廢棄的宮殿長滿了禾稼，憂心忡忡，故發感慨。王夫之評論說：

且夫人之所求者，可遂也，吾之所求，必不可遂也。不可遂而固求之，憂焉耳矣……靡靡以行，搖搖以怨，天下之知我者鮮矣，不亦宜乎！幽王滅，平王遷、桓王射，宗親無洛汭之歌，故老無西山之唱，僅此一大夫而衆且驚之也。王跡熄，人道圮，《春秋》惡容不作耶！（《詩廣傳・王風一》）

其二，《詩・小雅・十月之交》。全篇共八首，此僅選其前三首和最後一首：

一

十月之交，朔月辛卯。日有食之，亦孔之醜。彼月而微，此日而微。今此下民，亦孔之哀。

二

日月告凶，不用其行。四國無政，不用其良。彼月而食，則維其常。此日而食，於何不臧！

三

爗爗震電，不寧不令。百川沸騰，山塚崒崩。高岸為谷，深谷為陵。哀今之人，胡憯莫懲。

八

悠悠我里，亦孔之痗。四方有羡，我獨居憂。民莫不逸，我獨不敢休。天命不徹，我不敢效，我友自逸。

此詩作於周幽王六年，當係幽王大臣見上天以日食、地震、山崩、河涸等自然災害譴告當政者而不知警醒的憂患之作，對權貴亂政殃民的逆行也進行了揭露和諷刺。王夫之評論說：

……幽王之詩，不諱甚矣：天子之嬖御、斥其姓字，而縣指宗周之滅，號舉六卿、目言其艷煽。父不能施之於子者、而臣極道之宮闈而無所避忌，亦絞矣哉！懲之弗懲焉，恥之弗恥焉，進不以其言為改，退不以言為罪，貞人愈激，淫人愈怙，而生人不昧之心其餘無幾矣。嗚呼！貞淫者，非相對治者也。烈膏火而投之以非益，其焰而已。然則為《繁霜》、《十月》之詩者，其為忠也，不亦過乎！屈原之猨亟不忍以鄭袖、子蘭出諸口，君子猶曰原忠而過，矧原之所不忍者哉！（同上書《小雅・論十月之交》）

其三，《詩・周頌・敬之》：

敬之敬之，天維顯思，命不易哉！無曰高高在上，陟降厥士，日監在茲。維予小子，不聰敬止。日就月將，學有緝熙於光明。佛時仔肩，示我顯德行。

這首詩與《閔予小子》、《訪落》、《小毖》為一組，都是周成王識破內奸，覺悟到自己過去懷疑叔父周公的錯誤而作的悔過自勉之詩。詩中表達了對國家多難、危機隱伏、天命難保的憂慮。王夫之評論說：

命之不易，天之顯道也。嗣天下者盡道而無憂，事天下理得，而他豈恤哉……革命易服，人臣之鞠凶也。鞠凶懸於眉睫，而不保其旦晚，逆揣而無以信其必免，過為人之慮而不知裁，乃進戒於君曰：「命不易哉！」為人臣者剝膚之痛，弗能不以其誠告於君父者也。（《詩‧周頌‧論敬之》）

《詩經》的時代距王夫之的時代有兩千多年，而《詩經》憂患意識卻與王夫之一脈相連，這正是一種民族文化傳統精神的體現。

與《詩經》媲美的是《楚辭》，其創作年代在公元前三世紀的戰國時期。《楚辭》據東漢人王逸所輯，共十篇（《離騷》、《九歌》、《天問》、《九章》、《遠遊》、《卜居》、《漁父》、《招魂》、《大招》、《九辯》），除其中《大招》疑為景差作和《九辯》疑為宋玉作外，其他八篇考定為屈原所作。

《楚辭》亦是一部表達憂患之思的作品。其中《離騷》最為代表。屈原放逐，乃賦《離騷》。這篇震古爍今的長篇憂憤之作，是楚國政治腐敗面臨秦國吞併前夕，屈原遭到讒忌而被疏待罪、無力回天時的心聲。司馬遷說：「屈平疾王聽之不聰也，讒諂之蔽明也，邪曲之害公也，方正之不容也，故憂愁幽思而作《離騷》。」又說：「（屈原）雖放流，眷顧楚國，繫心懷王，不忘欲反，冀幸君子一悟，俗之一改也。

其存君興國，而欲反覆之。一篇之中，三致志焉。」（《史記・屈原列傳》）憂國家之將亡，憂生民之不幸，疾人君執迷不悟，此即詩人憂患之所從來。

春秋戰國之間，各諸侯國先後進行了不同程度的改革，希望在統一的潮流中稱雄。亡國弒君、朝不保夕的危險，威懾著統治階級的心靈，代表不同階級利益的思想家，能不憂心忡忡？如面對禮崩樂壞、天下無道的春秋末世，孔子說「不患寡而患不均」。這個不均現象是失道造成的。「上失其道，民散久矣」（《論語・子張》），故提出了「君子憂道不憂貧」（《論語・衛靈公》）的觀點。此所謂「道」，是指儒者之道，亦即奴隸制的禮制。到了戰國中前期，就王或霸天下的問題，孟子提出了尊王賤霸的主張。今人楊伯峻統計，《孟子》一書涉及「憂」的地方，凡二十七見，此處略舉三例，如：

> 入則無法家拂士，出則無敵國外患者，國恆亡。然後知生於憂患而死於安樂。（《孟子・告子下》）
>
> 君子有終身之憂，無一朝之患也。乃若所憂則有之：舜，人也；我，亦人也。舜為法於天下，可傳於後世，我由未免為鄉人也。是則可憂也。（《孟子・離婁下》）
>
> 樂民之樂者，民亦樂其樂；憂民之憂者，民亦憂其憂。樂以天下，憂以天下，然而不王者，未之有也。（《孟子・梁惠王下》）

孟子這裡講了憂患與安樂的辯證法以及憂患的不同境界。在他看來，憂患並非壞事。反對外患的威脅，就提高人們的警惕性，激勵人的志氣。只有生於憂患之中，兢兢業業，才能安樂地度過餘生。對於君子，不是憂患朝夕之安危，而是憂患自己能否達到舜那樣高的人格境界；至於王者，如欲王天下，則與天下百姓同憂同樂，這樣，百姓也就會與你同歡樂，共患難。孟子的這種憂樂觀和民本主義，無疑奠定了憂患傳統意識的價值取向。

與孟子約略同時的莊子及其學派，其論憂患，僅見於《莊子》一書，凡九十四見，其中所謂「仁人之憂」、大夫、諸侯、天子、廟堂之憂，正是就憂患意識而言。其《天下》篇所謂：

> 是故內聖外王之道，暗而不明，鬱而不發。天下之人，各為其所欲焉以自為方。悲夫！百家往而不反，必不合矣！後世之學者，不幸不見天地之純，古人之大體，道術將為天下裂。

此言正披露了莊學於「放者」的面目下埋藏的深層的憂患意識，與屈原稍晚的荀、韓，其思想明顯地滲透了道家思想的乳汁。韓非作為此時道法家的代表，現存一帙《韓非子》，其政治觀、法哲學、歷史觀、權謀論，正是建立在憂患意識的前提之下的。其初見秦，即以「戰戰慄慄，日慎一日，苟慎其道，天下可有」（《初見秦》），勸勉秦王。韓非之所憂，在於人主耽於女樂，閉目塞聽，迷信鬼神，法制不明，刑賞不均，八奸當道，五蠹亂政，以致忠言難以說上，釀成「窮身」、「亡國」、「絕世」之禍。

倒是「三為祭酒」的稷下學者荀況，深諳人們憂患之所從來，提出了「憂戚之無益於幾也，則廣焉能棄之矣」（《荀子・解蔽》）的想法，認為僅僅憂患是不能解決危機問題的，不如遠遠地把它抛棄掉。他說：「凡人之患，蔽於一曲而暗於大理。」（同前引）因此，必須從認識上克服片面性，認識事物的本質和規律性，從而從根本上解決憂患問題。他說：

昔人君之蔽者，夏桀、殷紂是也。桀蔽於末喜、斯觀，而不知關龍逢，以惑其心而亂其行；紂蔽於妲己、飛廉，而不知微子啟，以惑其心而亂其行。故群臣去忠而事私，百姓怨非而不用，賢良退處而隱逃，此其所以喪九牧之地而虛宗廟之國也。桀死於鬲山，紂縣於赤旆，身不先知，人又莫之諫，此蔽塞之禍也。（同前引）

以下「人臣之蔽者」、「賓孟（遊士）之蔽者」從略。荀子撇開社會階級關係，單從認識論方面去探尋造成人君、人臣、賓孟憂患的原因，這本身也是一種弊病，當然是錯誤的。但憂患意識，作為民族文化傳統的一種特色內涵，自殷周至戰國的先秦時期，從《易經》到《易傳》，實現了它的萌芽、產生、形成和確立的全過程。

中華民族的憂患意識，得益於傳統的倫理道德文化的長期薰陶。中國古代以血緣關係為紐帶的氏族奴隸制所形成的親親、尊尊的本位倫理意識，逐漸發展為一種高度責任感、使命感和凝聚力，從而成為爾後民本思想、經邦濟世思想和愛國主義思想得以產生的重要酵母。

而作為別具特色的憂患意識傳統，則如山間汩汩清泉，跌宕曲折地注入民族文化的傳統的江河，不絕如縷；又如錦瑟之上的一根琴弦，迸發出嘹亮的悲愴，激發起人的一種高尚的人格追求，別具審美意蘊。今天，我們品味一下范仲淹的《岳陽樓記》，可是別有會心？其云：

> 嗟夫！予嘗求古仁人之心……不以物喜，不以己悲。居廟堂之高，則憂其民；處江湖之遠，則憂其君。是進亦憂，退亦憂，然則何時而樂耶？其必曰：先天下之憂而憂，後天下之樂而樂歟！噫！微斯人，吾誰與歸？

當然，「居廟堂」的統治者與「處江湖」的老百姓，能夠相互關懷，不過是作者對理想人格的道德行為的期望。在剝削階級統治的社會裡，是不能實現的。但其憂以天下、樂以天下的高尚情懷，卻成為爾後士大夫、知識分子經濟天下的一條道德規範，為人們效尤。

明清之際東林黨人、復社學子所提出的「風聲雨聲讀書聲，聲聲入耳；家事國事天下事，事事關心」，「天下興亡，匹夫有責」等口號，正是傳統憂患意識的體現。他們「一堂師友，冷風熱血，洗滌乾坤」的氣概，成為傳統憂患意識的新注腳。迄於現當代，這種優秀傳統，在革命先烈和導師的身上，都從不同的角度得到折射。

四、與天地合德，順天休命

《周易》在奠定「懼以終始」、居安思危的憂患意識的同時，也提出了解除憂患的思想。它是透過卦象以及卦爻辭對卦象的說明來表達這種思想的。及乎《易傳》，便講得更加明白。《周易》關於解除憂患的思想，就是樹立一種天人合一、順天法道的理想人格。所謂「樂天知命故不憂」就是這個意思。

㈠天道自然，天人合一

1. 天道自然

《周易》本為卜筮之書，其神秘色彩較濃。其神秘之處，往往在於借天道以明人事，天道被賦予了某種神格，諸如「大有」之上九：「自天祐之，吉，無不利。」即是。但細析《易》之本身，是將天道當作自然現象的，《易傳》亦是如此解《易》的。

《易》上下經六十四卦，「天」字僅六見。涉及天道的如星辰、日、月、雷、日昃等，也僅六見。前者如「中孚」上九之「翰音登於天」、「姤」九五之「有隕自天」、「睽」六三之「其人天且劓」、「明夷」上六之「初登於天」、「大畜」上九之「何天之衢」、「乾」九五之「飛龍在天」等，均是以天為自然物。至於「自天祐之」則反映了人們對天的盲目崇拜和迷信。而雷雨日昃、日月星辰等天道，亦指自然現象無疑。這反映了作者對殷周之際的天命神學的一種懷疑和否定看法。同時也為《易傳》的天道自然觀鋪墊了基礎。

《易傳》「十翼」，除《雜卦傳》未言「天」外，其他九翼，除天下、天上、天際、天子未計外，共言「天」或「天地」達一〇三處。其中與天命相關的有八處。八處之中，有五處重複「自天祐之」。而《易傳》釋「祐」為「助」，說：「祐者，助也。天之所助者，順也；人之所助者，信也。履信思乎順，又以尚賢也。是以『自天祐之。吉。無不利也』。」（《易傳・繫辭上傳》）即是說，順循天道則吉，無不利。另三處分別見「師」之《象傳》：「承天寵」；「無妄」之《彖傳》：「天命不祐」；「觀」之《彖》傳：「天之神道」。其他九十五處均是將「天」、「天地」或「天道」定位在自然性質之內的。如：

> 《易》與天地準，故能彌綸天地之道。仰以觀於天文，俯以察於地理，是故知幽明之故……與天地相似，故不違……樂天知命，故不憂。
>
> 知崇禮卑，崇效天，卑法地。天地設位，而《易》行乎其中矣。（以上《易傳・繫辭上傳》）

天地之道，貞觀者也；日月之道，貞明者也。天下之動，貞夫一者也……天地之大德曰生，聖人之大寶曰位，何以守位曰仁。何以聚人曰財。理財正辭，禁民為非，曰義。

天地絪縕，萬物化醇；男女構精，萬物化生……乾，陽物也；坤，陰物也。陰陽合德而剛柔有體，以體天地之撰，以通神明之德。（以上《易傳・繫辭下傳》）

昔者，聖人之作《易》也，將以順性命之理。是以立天之道曰陰與陽，立地之道曰柔與剛，立人之道曰仁與義。（《易傳・說卦傳》）

有天地，然後萬物生焉。盈天地之間者唯萬物。（《易傳・序卦傳》）

「飛龍在天」，乃位乎天德……「乾元」、「用九」，乃見天則。（《乾卦・文言傳》）

天道下濟而光明，地道卑而上行；天道虧盈而益謙，地道變盈而流謙。（《謙卦・彖傳》）

剛柔交錯，天文也；文明以止，人文也。觀乎天文，以察時變；觀乎人文，以化成天下。（《賁卦・彖傳》）

天地交，泰。後以財成天地之道，輔相天地之宜，以左右民。（《泰卦・大象傳》）

上引之「天」、「天則」、「天（地）之道」、「天文」、「天地」、「天德」等等，無疑都是指自然之天。這就是說，《周易》之「經」、「傳」，其主要傾向是持天道自然論。而這也恰恰是《周易》這具巫術神道外衣下包含的合理內核。

2. 天人合德

《周易》中與「天」對舉的是「地」和「人」，但它往往又與地並列而與人對偶。《易傳》以卦之六爻象徵天、地、人。其初、二爻象地，五、上爻象天，三、四爻象人，居於天地之間。天、地、人又稱之為「三才」。實際上，人以外之天、地，統屬於天，故「人」與「天」的矛盾關係，構成了中國傳統哲學的基本問題，而且是由來已久的。

《易經》既是卜筮預測之書，則其價值導向是滿足人們趨吉避凶、趨利遠害的功利要求也無疑。因此人的問題是其首重。《易經》六十四卦，有兩卦是以人為卦題，一是「同人」，一是「家人」。至於其他「人」，則有天子、帝、大人、帝乙、高宗、君子、公、王、臣、侯、士夫、大君、邑人、惡人、旅人、武人、幽人、宮人、行人、老夫、丈夫、婦人、老婦、夫、妻、小子、小人、盜、寇、朋等等。《易經》的功利目標，也就是透過他們的吉凶、利害表現出來。

見卦爻之象，便可以作出判斷，這裡面包含了三重意思：其一是個人或階層的利害，決定於卦象符號，亦即人對天（客觀卦象）的偶然遭遇，人的命運決定於天；其二，人可以根據所示卦象，順其旨意，發揮能動性，選擇避什麼，趨什麼，如何趨避？其三，提出了一個是非、利害、吉凶的判斷標準。譬如：既然「亢龍有悔」、「濡尾有吝」、「翰音貞凶」、「西南喪朋」，那就應該規避，而「利涉大川」、「利有攸往」、「取女吉」、「利建侯」、「利見大人」，就應該趨往。人與天的關係是從屬、順從和合一的關係。

這種規避、趨往，看來是被動消極的，但卻包含了人們主動選擇、取捨的能動性的萌芽和由主觀努力可以改變命運或實現功利的信念。

《易傳》將這種積極因素昇華到了一種哲學高度，提出了人「與天地合德」的論題。在《易傳》作者看來，既然天是自然之天，則天則、天道當是自然法則、規律，人只有效法天道，遵循天則，與天地同憂，樂天知命，方可以幸福無憂。歸納《易傳》所闡發的思想，其論天人關係，大體可分幾層：

第一，天地之陰陽全錯，產生萬物以及人類。《易傳》說：

> 天地全錯，萬物化醇；男女構精，萬物化生。（《易傳・繫辭下傳》）
>
> 剛柔相摩，八卦相蕩。鼓之以雷霆，潤之以風雨，日月運行，一寒一暑；乾道成男，坤道成女。（《易傳・繫辭上傳》）

這是說，萬物包括人類都是天地陰陽二氣相摩、相蕩，鼓之、潤之，全錯滲透而產生的。人類以及其他動物，也如同陰陽之道，是男女、雌雄、牝牡交媾而生。天地的最大功能就是化生萬物，易道的基本精神就是這一點。

《易傳・繫辭傳》謂「天地之大德曰生」、「生生之謂易」，就是這個意思。《易傳》還進一步認為，天地生物以至社會人倫的產生，是一個必然的邏輯過程。如《易傳・序卦傳》說：

有天地然後有萬物，有萬物然後有男女，有男女然後有夫婦，有夫婦然後有父子，有父子然後有君臣，有君臣然後有上下，有上下然後禮義有所錯。

《易傳・繫辭傳》還認為，天地產生於陰陽尚未剖判的「太極」，當其剖判為陰陽二儀之氣，便形成了地和天。天地陰陽和合而生萬物。有萬物便有牝牡、雌雄、男女之別。其於人類社會，隨之便形成了夫婦、父子、君臣等親疏、上下、貴賤等級關係，禮義等倫理規範也得以產生和施行。這是基本符合歷史實際的初級邏輯推理。

第二，基於「天」與「人」的這種本末關係，「人」之德行從善惡的價值判斷到道德行為，也必然來自於「天」。《易傳》說：

昔者，聖人之作《易》也，將以順性命之理。是以立天之道，曰陰與陽，立地之道，曰柔與剛，立人之道，曰仁與義。（《易傳・說卦傳》）

乾知大始，坤作成物。乾以易知，坤以簡能，易則易知，簡則易從。易知則有親，易從則有功。有親則可久，有功則可大。可久則賢人之德，可大則賢人之業。易簡而天下之理得矣。（《易傳・繫辭上傳》）

天道下濟而光明，地道卑而上行；天道虧盈而益謙，地道變盈而流謙；鬼神害盈而福謙，人道惡盈而好謙。謙，尊而光，卑而不可逾，君子之終也。（《謙卦・象傳》）

這都是說，天地之道與人道是一致的，甚至可以說是同一事物的不同表現。在天地，曰陰陽、剛柔；在人，則稱仁義。天地之久大，亦即賢人之德業。天地之消息盈虛，益謙而虧盈，人之德亦損盈滿而益謙虛。《文言傳》更是以元、亨、利、貞為君子之四德，以乾德為天和君、父之德，以坤德為地和妻、臣之德。如說：

元者，善之長也。亨者，嘉之會也。利者，義之和也。貞者，事之幹也。君子體仁足以長人，嘉會足以合禮，利物足以合義，貞固足以幹事。（《乾卦・文言傳》）

坤，至柔而動也剛，至靜而德方，「後得主」而有常，含萬物而化光……陰雖有美，含之；以從王事，弗敢成也。地道也，妻道也，臣道也。地道無成，而代有終也。（《坤卦・文言傳》）

卦象乃是天垂之象，卦德即人之德。乾卦的陽剛之德與坤卦的陰柔之德分別賦予了君臣、男女、夫婦等不同名分之人。《易傳》的這種觀點，是對先秦儒家思孟學派「天命之謂性」這一命題的闡明。

秦漢而後，董仲舒提出了「性三品」說，以陰陽分別代表惡性和善性，以為貪仁之性，兩在於身，而王者之善性，受命於天。韓愈進而提出了「性情三品」說，以為人性是「與生俱生」的天性。李翱則提出了「復性」說，強調「人之所以為聖人者，性也」；「性者，天之命也。」（《復性書》上）

北宋理學的奠基人之一的張載，提出了氣質之性與天地之性兩個範疇，認為前者「形而後有」，而後者則「與天道合一」，所謂「性與天道，不見乎小大之別也。」（《正蒙・誠明》）他還說：「天人不須強分。《易》言天道，則與人事一滾論之，若分別，只是薄乎云爾。」（《橫渠易說・繫辭下》）程顥說：「道未始有天人之別。但在天則為天道，在地則為地道，在人則為人道。」「天、地、人只是一道也。」（《河南程氏遺書》卷二上、卷十八）

南宋心學家陸九淵說：「天有天道，地有地道，人有人道。」天、地、人「三極皆同此理，而天為尊……人乃天之所生，惟乃天之所命。」（《王陽明集》：《與王伯順》、《與趙詠道》）這種天賦人性、天德具於人心的天人合一思想傳統得以傳承，應該說，《易傳》是一個橋梁。

第三，天人合德，《易傳》將《易經》的天人合一思想，明確地表示為天人合一於「德」。《乾卦・文言傳》說：

> 夫「大人」者，與天地合其德，與日月合其明，與四時合其序，與鬼神合其吉凶，先天而天弗違，後天而奉天時。

《易傳》的基本傾向固然是把「天」、「天道」當作自然現象，但卻賦予了「天」以某種義理屬性，如認為天是至能、至善、至美、至公、至正、至明等等。而天的這些品質和功能，都是由人去體現出來的。

此外所謂「德」，是一個含義十分豐富的範疇。它既是指道德、德行，也是指本性、特色、功能、規律（道）等等。

此外是說：「大人」正當「九五」之君位，與天地的品德是吻合一致的，其德業言行符合於天道，其思想像日月普照人寰，其功德像四時滋育和繁殖萬物。

此所謂「鬼、神」，是指生成萬物的元氣的兩種表現形式：「神」謂氣之伸延，「鬼」謂氣之歸復。延伸以生成萬物，自有形以歸於無形，此即《易傳・繫辭上傳》所謂「精氣為物，遊魂為變」。

「與鬼神合其吉凶」，是說「大人」的言行像陰陽二氣有規律的變化而影響萬物的生滅一樣，影響人的吉凶、福禍。他能於天時變化之前預先按天道行事，在天時變化之後，也能嚴格遵循天道行事。「大人」與「天」，其「德」相同，只是表現形式有別罷了。如《易》之《彖傳》說：

天地以順動，故日月不過，而四時不忒。聖人以順動，則刑罰清而民服。（《豫》）

天地養萬物，聖人養賢以及萬民。（《頤》）

天地睽而其事同也，男女睽而其志通也，萬物睽而其事類也。（《睽》）

《易傳》還說：

天地之大德曰生，聖人之大寶曰位，何以守位曰仁，何以聚人曰財，理財正辭、禁民為非曰義。（《易傳・繫辭下傳》）

天地的最高德性是化生萬物，聖人的最高德性是以仁義理財聚人，守住權位，養育萬民百姓。這種天生人成的觀點，也是天人合德的一種表現。《易傳》天人合一於德的思想，是對西周以來天命觀的發展，也是對儒家孔孟的天道觀和荀況的天道觀以及道家天道觀的理論總結，從而最終形成了中華民族天人合一的整體思維方式。

㈡遵循天道，樂天知命故不憂

《周易》之憂患，主要是對統治集團荒淫腐敗，背離天道與民為仇的憂患。它認為，要實現吉、福等功利目標，解除憂患，在於遵循天道。而天人合德，天道與人道的一致，也應該遵循天道。人們體認天道，就在於更好地盡人道。《周易》關於遵循天道的思想，在《易經》中便有萌芽。如《易經・乾卦》：

初九：潛龍，勿用……

九三：君子終日乾乾，夕惕若，厲，無咎。

「潛龍」是指龍是星隱伏於天田之下。其寓意是表示事物剛處於發生階段，條件尚未成熟，君子不宜輕易舉動。

九三爻是說到了條件成熟時，君子終日奮發有為，至晚則警惕戒懼，不敢忘乎所以，則雖遇危險也不會受到損害。不盲動，不妄動，既是「天」對人的要求，也表達了人要遵循天道的思想。同理，《易經．頤卦》曰：

六五：拂經，居貞，吉。不可涉大川。

上九：由頤，厲吉，利涉大川。

「頤」為頤養葆生之卦。六五爻辭是說，如果不循天之常道，在家居正，可保吉祥，但不可離家涉水渡河。上九是說，如果遵循頤養之道，雖有病痛之厲，也能吉祥平安；涉水渡河也是吉利的。這是說，養生也要遵循自然之道。《易經》給人的感覺是凡事須循天道。循道則吉利，反之便凶吝。

至於《易傳》，對於這種遵循天道的思想，它進行了理性的昇華。首先，它強調了遵循天道的合理性。如《易傳．繫辭上傳》說：

探賾索隱，鉤深致遠，以定天下之吉凶，成天下之亹亹者，莫大乎蓍龜。是故天生神物，聖人則之；天地變化，聖人效之；天垂象，見吉凶，聖人象之；河出圖，洛出書，聖人則之。

這是說，探索幽隱玄妙的天理，以判斷吉凶禍福，成就無限之偉業，沒有比蓍占龜卜更重要了。所以，天生神妙的蓍龜，聖人效法以為卜筮；天地寒暑、陰晴、晝夜變化，聖人效法以為《易》；上天顯示各種吉凶之象，聖人效法以為易象，宣明天意；黃河出現龍圖，洛水出現龜書，聖人效法以為八卦。這裡，蓍、龜被賦予了涵蘊萬理的神格，聖人由效法蓍、龜去探求天地變化之道，以求順應天道趨吉避凶，建功立業，是合乎性理的。所謂「八卦以象告，爻彖以情言」；「天地設位，聖人成能」（《易傳‧繫辭下傳》），就是這個意思。

其次，它強調了遵循天道的重要性。如《革卦‧彖傳》：

文明以說，大亨以正。革而當，其悔乃亡。天地革而四時成。湯武革命，順乎天而應乎人。革之時，大矣哉！

「革」之象為水火（䷰）相勝。下離象中女，上兌象少女，同性相斥必爭鬥而生變。若變革光明正大，使人心悅誠服，進行很順利，策略正確，時機得當，其悔吝、憂患必無。

譬如商之湯王，周之武王廢除夏、商天命之舉，既順從了天道，又得到民眾擁護，各自開闢了一個新朝代，其意義何等重要！再如《歸妹卦‧彖傳》：

歸妹，天地之大義也。天地不交而萬物不興。歸妹，人之終始也。

「歸妹」（䷵）為兌下震上，象少女嫁長男。卦象為陰陽相交合，如此則萬物興盛，此天地之正道。女子出嫁乃人之終始，是遵循天道，此卦《彖傳》是強調天地陰陽不交萬物不興，人之道亦如之，男女不交，也不能繁殖下一代。這是從反面論述了遵循天道的重要性。

再次，它指出了遵循天道的必要性和所象之行為規範。這在《象傳》六十四卦相對應的「大象」中表現得十分典型。如：

乾：天行健，君子以自強不息。

坤：地勢坤，君子以厚德載物。

屯：云雷，屯。君子以經綸。

蒙：山下出泉，蒙。君子以果行育德。

……

君子之行美德，都是天道的具體表現，也是天地自然對君子的具體要求。這種遵循天道的思想，不僅是對《易經》所蘊思想的闡發與改造，也是對春秋以來先秦諸子這一思想的吸收與總結。

如老子之「道法自然」論，莊子之「齊物」論，孔子之「畏天命」論，孟子之「誠者天之道，思誠者人之道」論，荀子之「制天命而用之」論，韓非之「緣道理以從事」論等等，在《易傳》中均有體現。

在《易傳》看來，人事之興亡陵替，其根本原因在於順天合道與否。如孟子所引《尚書・泰誓》所云：「天視自我民視，天聽自我民聽」（《萬章》上），「順天者存，逆天者亡」（《離婁》上），《易傳》也認為，「天之所助者，順也」，「與天

地相似，故不違……旁行而不流，樂天知命，故不憂。」（《易傳・繫辭上傳》）

由《易傳》所形成的天人合德，順天休命的思想傳統，成為爾後中華民族一種理想人格追求和固定的思維模式。合德於天是對王者、聖人、至人的要求，順天休命是對所有人的要求。實現天與人的同一性。既成了一個智者王者的努力目標，也是一個道德評價標準。這其中有以「天」為人格神者，也有堅持以「天」為元氣自然者，從而成為哲學史上的兩條思想路線。

五、亨行時中，保合太和

中國人文精神之最本質處，莫過於中和之道。中和直解為中正和平。正而直立不偏謂之中；「以它平它謂之和」（《國語・鄭語》）。「和平」之本義為均勻和調。先秦之儒、道顯學，莫不以中和為一種高尚的人格境界予以追求。及至兩漢之際，佛教傳入中土，在理念上亦是以中道為一種修持目標。

先秦以降，「執中」、「建中」、「用中」、「守中」、「建極」、「時中」、「環中」、「中行」、「中和」、「中庸」、「去同取和」、「協和」、「兼愛」等詞語，可說觸目皆是。中和理念，實際上已經成為中華民族立身處世、待人接物、處理政務和民族交往、國際關係的一種「分寸」。作為一種人文精神的中和之道，亦可以說淵自於《周易》。

㈠文明以健，中正而應，亨行時中

「中」的觀念，萌芽於《易經》。在殷周的甲骨文和金文中，「中」字較多見。或以軍中旗幟，標示中心，或以測量日影，標示時間。《易經》開始有了崇尚中的觀念。《易經》「中」字凡十三見，除了個別在方位或時間意義上使用外，有兩處用作判斷，如「中吉」，處中則吉，這明顯地表明了尚中的思想。有五處把「中行」作為名詞。如：

包荒，用馮河，不遐遺，朋亡，得尚於中行。（《泰》之九二）

中行獨復。（《復》之六四）

益之用凶事，無咎。有孚中行，告公用圭。（《益》之六三）

中行告公，從。利用為依遷國。（《益》之六四）

莧陸夬夬。中行，無咎。（《夬》之九五）

「中行」具有中道的意思。關於「中行」，注家解說紛紜，其實孔、孟之說可資為注。孔子說：「不得中行而與之，必也狂狷乎！狂者進取，狷者有所不為也。」（《論語・子路》）這是說，得不到奉行中道的朋友，只能和狂、狷之人交往了。狂者偏激一些，而狷者又膽小畏縮。孟子說：「孔子豈不欲中道哉？不可必得，故思其次也。」（《孟子・盡心下》）狂、狷各有左和右的片面傾向，故孔子希望與行中正之道的人為朋友。

《尚書》「中」字凡四十九見。其中《今文尚書》三十九見，《古文尚書》十見。《尚書》之「中」，一般作中正之心或中德解。如《盤庚》篇記載盤庚遷殷訓誡臣民時說：「汝分猷念以相從，各設中於乃心！」這是要求臣民們相信他，跟隨他遷徙，各自要把中字放在心中。

《酒誥》篇則說：「爾克永觀省，作稽中德」。即是要官僚們觀察和反省自己，使言行舉止符合中正之德。《易傳》進一步提出了剛健中正，亨行時中的思想。《易傳》「中」字凡一百一十三見，其中「中正」、「正中」、「中直」二十三見，「剛中」十三見；其在兆辭的判斷方面，亦多因處剛中之位、行中正之道與否而斷吉凶悔吝，鮮明地反映了作者尚中的思想傾向。如：

「利見大人」，尚中正也。（《訟卦・彖傳》）

健而巽，剛中而志行，乃亨。（《小畜卦・彖傳》）

剛中而應，是以大亨。（《升卦・彖傳》）

貞大人吉，以剛中也。（《困卦・彖傳》）

蒙，亨，以亨行時中也。（《蒙卦・彖傳》）

大君之宜，行中之謂也。（《臨卦・彖傳》）

九二貞吉，中以行正也。（《未濟卦・彖傳》）

其位在中，以貴行也。（《歸妹卦・彖傳》）

凡此等等，都是對《易經》尚中思想萌芽的發揮，也是對先秦諸子中道觀的綜合與發展。先秦諸子中道觀有一個重要特點，是將《易經》的尚中思想衍變為中和理論。

㈡保合太和

如同《易經》中不見「陰陽」範疇一樣，其中亦不見「和」範疇。但關於「和」的思想萌芽卻依稀可見。如「同人」、「中孚」、「咸」等卦，都能從中體會到「和」的思想傾向。《尚書》尚「中」，同時尚「和」。其《今文尚書》「和」字二十五見，《古文尚書》十七見，多是在處理人際關係的法則這一層面上使用。如說：

自作不和，爾惟和哉，爾室不睦，爾惟和哉。（《尚書・多方》）

時惟爾初，不克敬於和，則無我怨。（《尚書・無逸》）

這是強調人際之間，個人與家庭之間都應和睦相處，否則就會招致天罰。故上層統治者的天職就是「燮理陰陽」、「協和萬邦」。譬如文王，為了「咸和萬民」，甚至「不遑暇食」。

「和」範疇先見於西周晚期。《國語・鄭語》載有周之史伯回答司徒桓公的一段話：

> 夫和實生物，同則不繼。以他平他謂之和，故能豐長而物歸之；若以同裨同，盡乃棄矣。故先王以土與金、木、水、火雜，以成百物。是以和五味以調口，剛四肢以衛體，和六律以聰耳，正七體以役心，平八索以成人，建九紀以立純德，合十數以訓百體。出千品，具萬方，計億事，材兆物，收經入，行姟極。故王者居九畡之田，收經入以食兆民，周訓而能用之，和樂如一。夫如是，和之至也。於是乎先王聘后於異姓，求財於有方，擇臣取諫工，而講以多物，務和同也。

所謂「和實生物」，是說不同性質的事物相調和、整合以生成新的性質的事物。此處是借五行相生的自然現象論證「和」的重要性，強調「和」對於人事關係、政權鞏固等的重要作用。

春秋末年，齊國晏嬰亦是在這個意義，透過「宰夫」烹調食物的事例，指出「和如羹焉」，其實質是異質事物相互摻和，「濟其不及，以泄其過」，指喻君臣關係亦應如之。故平和乃是為政者所追求的一種完美境界。《國語・周語》說：

> 夫有平和之聲，則有蕃殖之財。於是乎導之以中德，詠之以中音，德音不愆，以和神人，神是以寧，民是以聽。

「中」之本義，亦具有「和」的意思。《說文》訓：「中，和也」。《蒙卦・彖傳》中「以亨行時中也」一句，《釋文》訓：「中，和也」。故「中和」當為一聯合結構範疇。先秦諸子或言「中」，或言「和」，或言「中和」，都具有中和的意義。如《老子》中說：「多聞數窮，不如守中」。又說：「萬物負陰而抱陽，沖氣以為和。」「終日號而不嗄，和之至也。」「和其光，同其塵。」等等。此沖和之氣，即陰陽和平的中和之氣。和光同塵亦是人與自然中和為一的意思。嬰兒大樸未虧，智力未開，無私無偏，最具中和之德。故老子以中和為養生處世之最高境界。

《論語》中說：「中庸之為德也，其至矣乎。」（《雍也》）皇《疏》：「中，中和也。」「禮之用，和為貴。」（《學而》）「君子和而不同。」（《子路》）「允執其中」（《堯日》）等等。可見孔子也是以中和為從政、立身之基本原則。《孟子》說：「子莫執中，執中為近之。執中無權，猶執一也。所惡執一者，為其賊道也，舉一而廢百也。」（《盡心》上）又說「湯執中，立賢無方。」（《離婁》下）執中，就是要堅持中正和平之道。執中是根據實際情況，權變、無方，與執一這種片面性和絕對性是對立的。

《中庸》則明確地提出了「中和」範疇：

> 喜怒哀樂之未發，謂之「中」，發而皆中節，謂之「和」。中也者，天下之大本也；和也者，天下之達道也。致中和，天地位焉，萬物育焉。

這是說，天地的終極原因是「中」，其根本法則是「和」。「中」即是天命之性，「和」則是循性而生、發而中節的喜怒哀樂之情。「中和」就是天性與人情的統一。性為體；情為用。體微而不形，用顯而有見。體用一源，顯微無間，這種同一性，乃是儒家思孟學派所追求的一種完美狀態。它認為，實現了這種狀態，整個宇宙世界也就天尊地卑，秩然有序；人類以及萬物也就得以順其自然正常繁殖、發展。故「中和」，就是剛中不偏、不顛倒；同時，又是柔和兼容不孤立的一種陰陽相契、剛柔互補的理想境界。

正因為如此，戰國秦漢以來的儒家，未有不尚中和者。如《周禮・春官・大司樂》載：大司樂「以樂德教國子中和祗庸孝友。」此「中和」之德即是指忠誠而剛柔相適。如《荀子・王制》：「公平者，職之衡也；中和者，聽之繩也」。這是以中和為判斷是非的一種準則。

《易傳》尚和，其「和」字凡十一見，就其要義言，表現了崇尚中和的思想。如它說：

《履》，和而至……《履》以和行。（《易傳・繫辭下傳》）

和順於道德而理於義。（《易傳・說卦傳》）

利者，義之和也……利物足以合義。（《乾卦・文言傳》）

所謂「和」，就是中和、和諧的意思。《坤卦・文言傳》說：「君子黃中通理，正位居體，美在其中，而暢於四支，發於事業，美之至也」。認為將內在的中和之性表現於形體，發揚為事業，是最美不過的。可見「和」是一種最佳存在狀態。因此，《易傳》提出：

乾道變化，各正性命。保合大和，乃利貞。（《乾卦・彖傳》）

太和乃陰陽和合的沖和之氣。萬物於天道的變化中各自獲得生命和品性，而天道變化又是陰陽之氣，全錯交合的結果，故保合太和，保持陰陽柔剛之氣中和交合，才能使事物貞固、健利，恆久而不夭。宋明理學奠基人之一張載《正蒙》一書，開篇即為《太和》。他說：

太和所謂道，中涵浮沉、升降、動靜、相感之性，是生絪縕、相蕩、勝負、屈伸之始。其來也幾微易簡，其究也廣大堅固。起知於易者乾乎！效法於簡者坤乎！散殊而可象為氣，清通而不可象為神。不如野馬、全錯，不足謂之太和。語道者知此，謂之知道；學易者見此，謂之見易。

清初王夫之對這段話的解釋是：

太和，和之至也。道者，天地人物之通理，即所謂太極也。陰陽異撰，而其絪縕於太虛之中，合同而不相悖害，渾淪無間，和之至矣。未有形器之先，本無不和；既有形器之後，其和不失，故曰太和。涵，如水中涵影之象；中涵者其體，是生者其用也。輕者浮，重者沉；親上者上升，親下者下降，動而趨行者動，動而赴止者靜，皆陰陽和合之氣所必有之幾，而成乎情之固然，猶人之有性也。絪縕，太和未分之本然；相蕩，其必然之理勢。勝負，因其分數之多寡，乘乎時位，一盈一虛也。勝則伸，負則屈；勝負屈伸，衰王死生之成象，其始則動之幾也。此言天地人物消長死生自然之數，皆太和必有之幾。來，謂始動而化之初；究，謂已成形體也。幾微，氣之初動；易簡者，唯陽健陰順而已。廣大，品物流形；堅固，體成而不易毀也。乾坤有體則必生用，用而還成其體。體靜而用動……動靜無端。……太和之中，有氣有神。神者非他，二氣清通之理也。不可象者，即在象中。陰與陽和，氣與神和，是謂太和。……體道者不於物感未交、喜怒哀樂未倚之中，合氣於神，合神於性，以健順五常之理融會於清通，生其變化，而有滯有息，則不足以肖太和之本體，而用亦不足以行矣。……健順合而太和，其幾必動，氣以成形，神以居理，性固具足於神氣之中，天地之生人物，人之肖德於天地者，唯此而已矣。（《張子正蒙注．太和篇》）

按照王夫之的理解，所謂「太和」，即是「道」、「太極」、「陰陽和合之氣」。就其本質言，它即是陰與陽的統一，又是氣與神的統一。神即是陰陽二氣清通無礙、相互交融之理。就其存在方式言，它表現為由浮沉、升降、動靜相感之性而產生陰陽全錯摩蕩、勝負屈伸相互轉化的狀態；氣為體，神為用。體靜而用動。體涵健順五常之性，用則散殊可象，生人之喜怒哀樂之性。故太和又是體用、動靜、性情的統一。「氣以成形，神以居理，性固居足於神氣之中，天地之生人物」，「人能存神盡性以保合太和」，「修人事以肖天德」，則是天人和合之至。太一、太和、太極、太無、時中、中行、中庸、道等，實際上與中和是同一系列的範疇。清初著名思想家方以智在其《東西均》等著作中已有論述。它與漢唐時期，中國佛教所主張的中道觀也是相一致的。

由《周易》所奠定的中和之道，經過先秦諸子以及秦漢以降宗教和世俗的思想家的改造與弘揚，遂成為中華民族人文精神的精髓部分。中和，作為中國人安身立命的處世原則，一方面，它強調剛中正直，處事公正，無邪不私，表現了天地間的凜然正氣；另一方面它又強調和諧、和樂、和平共處，提倡愛人、忠恕的仁者襟懷。

此外，它還強調適中，不過無不及，不偏不倚；喜怒哀樂，發而中節；待人行事，恰到好處。這種持中用中的原則立場和方法論無疑是我們民族的傳統美德。自古及今，代相承續，成為中華民族最具特色的一種精神象徵。

當然，這種處世原則，也存在被動、消極的一面。它釋剛中為柔中，臨事瞻前顧後乃至模稜兩可，折中是非，其所造成的負面影響也是不可低估的。

【註釋】：

❶ 黑格爾《哲學史講演錄導言》，《哲學史講演錄》第一卷，第八頁。

❷ 參見汪寧生《八卦起源》，載《考古》一九七六年第四期。

❸ 參《西周卦畫試說》，載《中國哲學》第三輯，生活・讀書・新知三聯書店，一九八〇年八月。

❹ 另外兩種是「甲子」說和「鳥獸足跡」說，參胡奇光《中國小學史》第一章《小學的發端——先秦時代》，上海人民出版社，一九八七年，第一版。第十五～十八頁。

❺《易辨》、《數與周易關係的探討》，見唐明邦、羅熾等《周易縱橫錄》，湖北人民出版社，一九八六年十一月。

❻ 參見唐蘭《中國文字學・文字的發生》，上海古籍出版社，一九八一年六月。

第二章　易學與理想人格

一、概論

理想是現實的反映，從現實中汲取理想，把理想化為現實是每個民族文化傳統中共通的現象。任何民族的文化系統都內在地包孕著相對應的理想人格，一個時期的理想人格一方面是該時代的反映。另一方面，理想人格的範型一旦形成，又往往對民族文化及社會生活的各個領域產生廣泛而深刻的影響，為其提供動力和方向。從一般意義上說，理想人格是民族文化特質和價值取向的生動體現。

中文「人格」一詞從近代日文引入，而日文的人格是對英文 Personality 的音譯。從詞源學上看，Personality 來源拉丁文 Persona，意為表演性的面具或臉譜，轉義為這面具所表演出來的角色，體現劇中人物的身份和個性。

從本質上講，人格是指獨立的個人性、私人性，它具有多元的、認知的傾向，本無所謂道德色彩。而在漢語中，人格一詞更多地帶有品格的含義，如「重利輕義，以道制慾」的價值取向，「富貴不能淫，貧賤不能移，威武不能屈」的崇高德性，「民胞物與，經邦濟世」的人生理想等等。它與「人格」的本源性意義即私人性恰好相反，具有共通性、內省性和一元性，更多地具有道德的意蘊。

由於相沿成習的緣故，在這裡我們姑且借用這一西化概念來表述中國群體由共通的「道」來制約的道體規範的品格典範、德性主體，這是必須事先加以申明的。

理想人格是與現實人格相比照而言的。在一定的文化環境和社會制度中，人們的利益和期望集中於某一個楷模身上，即為理想人格。理想人格是民族文化中人們最推崇、最嚮往，並以之為目標進行自我塑造的道德範型，是民族文化特徵和價值標準的典型體現。它對人們具有巨大的感召力，是人們孜孜以求的目標。

從理想與人格的關係來說，人格是理想的承擔者，理想是人格的主觀體現。在把理想化為現實的過程中，理想的人格得以轉化為現實的人格。每個人都用理想人格來改變現實，而且也按理想人格來塑造自己。

理想人格的內容可以歸結為求真、明善和審美。求真是獲得知識的理想，明善是明確行為的理想，審美是情感趨向完滿的理想。理想人格是個體所追求的目標所在，歷代思想家對此多所闡述。

近代大教育家蔡元培在《普通教育和職業教育》一文中說：「所謂健全的人格，內分四育，即㈠體育，㈡智育，㈢德育，㈣美育」❶。蔡元培力求透過教育這一社會化的手段來開掘個體身上的潛能。

王國維也是如此。他在《論教育之宗旨》一文中說，「然人心之知情意者，非各自獨立，而互相交錯者……三者並行而行漸達真善美之理想，又加以身體之訓練，斯得為完全之人物，而教育之能事畢矣。」

這種理想人格在中國文化系統中，是由《周易》奠定的易文化傳統所熔鑄而成的。其中，「生生不已」是這一理想人格的形上學基礎，「繼善」「成性」的能動努力是成就這一理想人格的主要途徑，「剛健不息」、「厚德載物」是這一理想人格在中國文化系統中歷史形成的內在緊密的兩翼，體現在學派上則表現為儒道兩家（包括佛教）的邏輯互補，「君子」「聖賢」則是這一人倫理想人格化範型。

天道下貫於人性，人性承繼天道，則成就了人的善性，這是易學理想人得以實現的人性論前提；而自強不息與厚德載物品德的互動與互補，最終鑄就了中華民族的人格典範，這就是踐行中道的君子。

二、天地絪縕，生生不已

開放時代的宏闊背景，中西文化的激烈衝撞，觸發學術界湧現出一股廣泛的文化「尋根熱」。試圖由尋繹中華文化傳統之根，探討中國文化的未來走向，仁智殊見，都各具匠心，但是，我們認為，由古老的《易經》及其衍生的源遠流長的《易》文化傳統所蘊涵的「生生」之道，才是中華文化生生不息的智慧之根，是中華文化慧命相續的文化基因。她孕育了中國哲學生命理性的內在特質，不僅創生過古代燦爛的東方文明，而且對於當今建構現代文明以及中華民族未來走向，仍具有獨特的理論意義與實踐價值。

「天地絪縕，生生不已」的理念，發端於對《易經》進行人文弘化的兩個核心命題，即「生生之謂易」、「一陰一陽之謂道」，對中國文化上的道教以及宋明道學的思想產生了深刻的影響，是易學中古今貫通的人文價值理想的集中體現，是中國傳統文化的總精神。可以說，中國哲學以至中華民族精神的精髓就在於「生生」二字。它既是宇宙法則，同時也是人生倫理的準則。它提出的「太極生兩儀」的宇宙本體論、「剛柔相推而生變化」的變化內因論、「惟變所適」的常變觀、「三才統一」的天人整體觀，是中華易文化傳統建構崇高理想人格的重要形上學基礎。

㈡生生之謂《易》

「生生之謂易」，語出《易傳・繫辭上傳》：「盛德大業至矣哉。富有之謂大業。日新之謂盛德。生生之謂易。」按照一般語義解釋，「生生」即指化生、創生萬物，但這只是對生生之道的一種表層理解。事實上，它包括兩層涵義。

一是創生萬物，即歷時態的宇宙萬物生成，前面的「生」是動詞，後面的「生」是名詞；二是萬物相生，即共時態宇宙存在的相生共存，前面的「生」是名詞，後面的「生」是動詞。

這段話的意思是說，盛大的德行與偉大的功業是自然造化的極致，萬物相生是宇宙富有萬物卓越的才能；創生萬物是宇宙變化至上的品德。宇宙就是一個內在和諧、生生不息的大流，它的德業合一就是《易》的宗旨。這裡，《易》的生生之道成為貫通宇宙自然、人倫社會的普遍原則和倫理精神。《易傳》的這種觀念，是對肇始於《易經》，分途發展於孔子儒家、老子道家生生之道的邏輯整合。

《易經》本為卜筮之作。華夏初民面對日月遞嬗、洪水橫流、禽獸噬人的強大自然威懾，面對殷紂橫行、民生凋敝、社會動蕩的巨大人文變遷，經過口耳相傳的神話傳說和先民的切身體驗，積淀為一種深沉的危懼意識：對自然造化的敬畏，對生民萬物的體恤。這就使《易經》自始至終充盈著對生的渴望，貫穿著生生的精神。

《易》之成書，雖經歷了一個漫長的編纂、整理過程，然其中自有條貫。縱觀《易經》，以乾天坤地為基礎，推衍出八經卦以至六十四別卦，其排列井然有序、有條不紊，六十四卦既相互獨立各有位置，又相互並存、互不妨害，充分體現了宇宙創生、相生的「生生」原則；橫察《易經》，卦象、卦辭、爻辭取象寓理，也都著力揭示「有天地然後有萬物」，乾坤陰陽對待而生變化的宇宙生生秩序，以及陰陽天地萬物相輔相成的相生精神。

所以，《易傳》有「一陰一陽之謂道」、「剛柔相推而生變化」之說。陰陽交合，剛柔互動，變在其中，《易》的奧義、意旨也都體現於其中了。

老、孔深造乎《易》生生之道，而各有獨到的發揮。大致說來，老子之道以坤道生生為主，孔子之道以乾道生生為主，可謂異曲而同工於《易經》，殊途而同歸於《易傳》。

老子崇尚自然，著力弘揚《易》的自然層面，提出了一套形上學的抽象原則和一套系統的宇宙生成論模式：「人法地，地法天，天法道，道法自然。」自然之道是：「天下萬物生於有，有生於無。」「道生一，一生二，二生三，三生萬物。」「道」是老子哲學的最高範疇，他的「道」是以自然為法，而自然就是從無生有而又「有無相生」的統一體，充滿著相生相容精神的宇宙和諧統一體。這是從宇宙生成論的角度將《易經》生生觀念從巫筮化的外殼中剝離出來，從「生生之厚」的坤道側面實現了中國哲學人文精神的重大突破。老子哲學貫穿著易之生生精神，為《易傳》提煉出一套思辨哲學提供了重要的思想資料。

孔子則恰恰相反，他著力發掘《易》的人文層面，提出了一套人倫道德規範，作為指導社會生活、燮理人際關係的準則。「仁者愛人」，「己立立人，己達達人」，這就是他所謂「推己及人」的忠恕之道。恕道即是由己及人，既要關心自己的

「生」，也要幫助或不妨害他人的「生」。生命的意義和價值不在於一己的存在，而在於道德生命的發揚，即《易傳》所謂「通天下之志」，「曲成萬物」。因此，他強調的是人倫的相生與和諧。

孔子哲學所貫穿的仁愛精神是《易》生生觀念的體現和弘揚。這是將《易》生生之道從宗教的大氅下拯救出來，從道德倫理學的側面實現了中國哲學的重大拓展。孔子思想中的生生精神，構成了《易傳》整合《易》生生之道的重要邏輯環節。

《易傳》以《易》為本，充分涵化老、孔易文化生生思想而融冶為一個哲理的理論體系，實現了《易》生生之道的一次重大綜合改造和哲理昇華，奠定了爾後中國哲學尊「生」傳統的思想基礎。

它講宇宙生成：「是故《易》有太極，是生兩儀，兩儀生四象，四象生八卦。」（《易傳‧繫辭上傳》）這無疑是對老子道家宇宙生成論的繼承。它講：「天地之大德曰生，聖人之大寶曰位。何以守位曰仁。」（《易傳‧繫辭下傳》）仁即愛人，是聖人所必須堅持的道德準則，也是聖人之所以成為聖人的內在依據。自然生生的宇宙生命貫注於人倫仁愛的精神生命，這是對孔子儒家仁愛學說的進一步發揮。

然道只有一個，這就是生生之道，只不過仁智殊見而已：「一陰一陽之謂道……仁者見之謂之仁，知者見之謂之知。百姓日用而不知，故君子之道鮮矣。」（《易傳‧繫辭上傳》）陰陽相交相生，運轉不息，為萬物存亡的根本，這就是道。有仁德的人見此道，即認為是仁；聰明的人體察此道，即認為是智。

《易傳》即是對這種仁智之論的邏輯整合。《易》生生之道，是陰陽剛柔相摩相蕩，乾男坤女創生、養育萬物，於是才有日新之盛德，富有之大業。經過《易傳》以《易經》為本始，對儒道互補、乾坤相生《易》文化的初步整合和系統闡發，加上《易傳》本身在歷史上的影響，《易》的意義和價值就在於「生」這一觀念遂定位於中國傳統哲學之中，內化為中華民族思維的規範，衍生為一種綿延不絕的人文精神，外化為一種內聖外王的理想人格。

(二)生生之謂「道」

漢代易學，義理派思想因史籍佚失而不得其詳，留下的大多是象數之學。而此時，道教托本於老莊道家，利用漢代易學成果，援生生之道以入燒煉內養，闡述性命奧旨，卻發展出一套以追求長生久視、肉體飛升，成仙得道為目標的養生生命哲學。從而大大深化了生生之道的哲理內涵，對宋明道學生生之道產生了深刻影響。其中尤以《周易參同契》影響為著。

《周易參同契》（以下簡稱《契》）是東漢後期出現的一部重要道教經典。魏伯陽依據易道與丹道相通的認識，借易道以闡釋煉丹內養的原理，是對易文化生生之道的重要發展和深化。

從鼎器言，《契》開篇即謂：「乾坤者，易之門戶，眾卦之父母。」乾坤取象天地，是外丹燒煉的鼎器；取象人身，是內丹煉養的鼎器。乾天坤地既是共生共存的和諧統一，又是創生萬物、煉養精氣的泉源，一切陰陽變化都肇始於此。這是將乾坤生生之道具象化為內外丹術的基礎設施；從藥物言，《契》謂「坎離為藥」。坎離即水火。外丹坎離即白汞黑鉛，內丹坎離即月陰日陽。水火相濟，凝而成丹，這是將坎離共存化生之道作為燒煉內養的理論基礎；從火候言，《契》運用漢易納甲說闡述煉丹火候，以震、兌、乾、巽、艮、坤卦象及方位象徵月象盈虧變化，以明乾坤陰陽之升降，作為一月火候進退的依據，運用漢易十二消息卦闡述煉丹火候，以復、臨、泰、大壯、夬、乾、姤、遁、否、觀、剝、坤十二卦與一年十二月、一日十二辰相匹配，由其中陰陽爻變作為一年火候進退的依據，具體體現出陰陽生生道之的理論指導作用；從功用言，《契》認為，服食金丹、內養精氣，其收效不可勝用。服食外丹，「金砂入五內，霧散若風雨。薰蒸達四肢，顏色悅澤好，鬢髮白變黑，更生易牙齒，老翁復丁壯，耆嫗成姹女」，也就是說可以返老還童，長樂無憂；含養精神，「含精養神，通德三元，精液腠理，筋骨致堅。眾邪辟除，正氣常存，積累長久，變形而仙。」可以「御白鶴兮駕龍鱗，遊太虛兮謁仙君。」簡言之曰「生」。

總之，《契》以黃老養生、爐火煉丹參合大易陰陽之道，「三道由一」，以乾、坤為鼎器，坎、離為藥物，其餘六十卦喻火候，首次闡述了「牝牡化生」、「丹胎法象」等理論，說明長生久視、得道成仙的奧妙，對爾後道教內外丹術，尤其是內丹術的發展具有至深影響。

五代彭曉《周易參同契分章通真義》，是對《契》的義理闡釋。它以易陰陽生生之道作為修煉成仙的依據，追求長生久視的目的。他認為，萬物是由乾坤之元氣生成的，而元氣就是道。從內丹學的角度，進一步明確了《道德經》中「一」、「道」的含義。「道之一字，是陰陽二門眾妙之法，強名曰玄。玄，善號也，故總之曰道。」道即元氣。它存在於天地陰陽五行之先，是天地父母之根。為區別於後天金石之鉛，因而他又稱之為「真鉛」。

「先天地生巍巍尊高者謂真鉛，未有天地混沌之前，鉛得一而形，次則漸生天地陰陽五行萬物眾類。故鉛是天地之父母，陰陽之本元。」從宇宙本體而言，此「真鉛」是世界萬物發生、變化的本源，是宇宙萬物充盈生命活力的內在根據。彭曉又將「萬物賴之以生成」意義上的「真鉛」稱為「黑鉛」。他說：

「夫黑鉛水虎者，是天地妙化之根，無質而有氣也。乃玄妙真一之精，為天地之母，陰陽之根，日月之宗，水火之本，五行之祖，三才之元，萬物賴之以生成，千靈稟之以舒慘，至於高天厚地，洞府仙山，玄象靈宮，神仙聖眾，風雨晦朔，春夏秋冬，未有一物不因鉛氣產出而成變化也。故《經》云：天得一以清，地得一以寧，神得一以靈，穀得一以盈，萬物得一以生。又云：無名天地之始，有名萬物之母。即是真神得一以靈，穀得一以盈，萬物得一以生。又云：無名天地之始，有名萬物之母。即是真一之精，聖人異號為真鉛。則天地之根，萬物之母是也。」

從宇宙化生作用而言，此「真鉛」展現為發用流行、產生萬物的過程。「夫經鉛火龍者，是天地妙用發生之氣，萬物因之以生，有氣而無質。」他以時辰、日、月、歲結合卦爻象數，說明元氣之運行、變化生成萬物的過程。「始復䷗至乾䷀，自姤䷫終坤䷁，循十二辰候，分震巽甲門子丑午未，陰符陽火，圓合天符三百三十六度，是晦朔陰陽，刑德交會，天地變化，萬物生存之數也」。

基於宇宙生生之道，彭曉又闡述了修煉內養的具體原則與過程。「喻修還丹全因元氣而成，是將無涯之元氣續有限之形軀。無涯之元氣者，天地陰陽長生真精聖父母之氣也；有限之形軀者，陰陽短促濁亂凡父母之氣也。故以真父母之氣，變化凡父母之身，為純陽真精之形，則與天地同壽也。」金液還丹之道，其要在以天地之根（元氣、真鉛）為藥根，以陰陽母（黑鉛、紅鉛）為丹母，「以真父母之氣，變化凡父母之身」，培本固元，則可與天地同壽，成長生不老的神仙。可見，金丹之道以生生之道為理論基礎，是生生之道的邏輯運用和具體體現。

道教「養生」一辭頗值得玩味。生要靠養，如何存養？以天地陰陽相生化生之道存養宇宙真元之氣，變凡胎俗骨而為純陽真精之形，則可長「生」永「生」。這是道教根據道家易學開創的路向所倡導的主旨。因此，從道教經典所闡述的成仙依據、成仙過程等諸方面而言，道教始終貫穿著生生的人文精神。簡言之，道教之道，即是《易》生生之道的深化和發展。

㈢ 生生之謂仁

宋明道學本諸儒學立場，汲納道教易學成果，不僅從認識論領域探討生生之道，而且將它提升到哲學本體、世界統一性的高度。而所謂心學、理學的分疏，只不過是仁智殊見的生生之學，因而是對易學生生之道的進一步深化和發展。

朱熹獨有得於伊川（程頤），以宇宙生生之理作為人倫仁義之至德的哲學基礎。他說：「天地以生物為心者也；而人物之生，又各得夫天地之心以為心者也……在天地則块然生物之心，在人則溫然愛人利物之心。」（《朱子文集》卷六十七《仁說》）人物生育於生生之理大化流行的天覆地載之中，秉受「天地然生物之心，而仁心發露，愛人而利物」。這種思想為繼承伊川而來。他說：「且如程（伊川）先生言天地生物之心。只是天地便廣大，生物便流行，生生不窮。」（《朱子語類》卷五），「仁者，天地生物之心，而人物之所得以為心。」（《朱子語類》卷五十三）他有兩段集中討論生生之道的語錄：「天地以生物為心，此生物之心為仁，人得天地之心以為心，故人心必仁。」

我們知道朱熹是主張「性即理」的，那麼，天地以生物為心則是說天地以萬物相生、創生為理。將天地之理運用到人倫社會，此天理即為仁德。但人如何「得天地之心以為心？」他說得明白：「發明心字，曰：一言以蔽之，曰生而已矣。天地之大德曰生。人受天地之氣而生，故此心必仁，仁則生矣。」（《朱子語類》卷五）「天地之大德曰生」源出《易傳・繫辭下傳》，這段話是對《易傳》所做的發揮。

原來，天地生生之德與人心仁義之德的貫通一致，其中有一個中間環節，這就是氣。因為人生天地間，稟此天地之氣，人心也就具備了天地之生德，即仁。這樣，人的心仁性善，天理流行的必然性、普遍性和合理性便得到了論證。這就是他所說的：「天地生物之心是仁。人之稟賦，接得此天地之心，方能有生。故惻隱之心在人，亦為生道也。」「心，生道也。心乃生之道。惻隱之心，人之生道也。」（《朱子語類》卷九十五）有天地之心的稟賦，人才能有生，人才所以為人，因此，仁心也就是生之道。古代思想家最感神秘的天地化生、萬物繁衍問題，程朱用心（理）作為回答，由此建構出一套理學體系。

與程（伊川）朱相對應，明道（程顥）以體用言生生。他認為，生生是宇宙的根本原理。「天地之大德曰生。天地全錯，萬物化醇。生之為性，萬物之生意最可觀，此元者善之長也，斯所謂仁也。人與天地一物也，而人特自小之，何耶？」（《何南程氏遺書》卷十一）

「生」是宇宙的根本法則，宇宙就是一個相生、生生的大流；人生於萬物之中，只是萬物中之一，是宇宙生生大流的產物。由此天人無別，天人無間，人與萬物原屬一體。因此，仁者深切體會萬物之生意，與天地萬物一體，不違背此生生之理而生活。因此，與天地萬物為一體，實質上是要與宇宙生生精神相一致，與天地共生、同化，其具體體現則是仁民愛物。

「生生之謂易，是天之所以為道也以生為道，繼之生理者即是善也。」（《何南程氏遺書》卷二上）他還說，手足為身體的一部分，但果無生意，則無異於非己；天地萬物洋溢著盎然的生機，又何異於己？果能體察天地萬物皆有生意，與一己之生意相貫通，則天地萬物猶為己之四肢百體；己之天地萬物合為一體，也就必然仁民而愛物。「若夫至仁則天地為一身，而天地之間，品物萬形，為四肢百體。」（《河南程氏遺書》卷四）

他還認為，神是生生的絕妙功用。「蓋上天之載，無聲無臭，其體則謂之易，其理則謂之道，其用則謂之神。」上天之相生精神為體，生生精神為理，微妙莫測為用。這就是所謂「生生則謂易，生生之用則神也。」「天地只是設位，易行乎其中者神也。」（《河南程氏遺書》卷十一）宇宙相生大化的功用神奇無方，微妙不測。

王守仁獨有得於明道，故其特重生生。他發揮《易》生生之理：「太極生生之理，妙用無息，而常體不易。太極之生生，即陰陽之生生。」又援天地陰陽之生生以論仁德。

《傳習錄》（上）云：「仁是造化生生不息之理，雖瀰漫周遍，無處不是，然其流行發生，亦自有漸；惟其有漸，所以必有發端處，所以生生不息。譬之於木，其始抽芽便是生意發端處，然後有幹有枝葉。父子兄弟之愛，是人心生意發端處，如木之抽芽；由此而仁民而愛物，如木之有幹有枝葉也。」生意發端、發用流行即為仁。此仁即生生不息之理，蘊藏在飛潛動植乃至父子兄弟諸等一切生物有機體內部，體現在湧動於其中的蓬勃生命力由潛而顯、擴而廣之的漸進過程中。

所以，他又有「一體之仁」之說：

> 大人者，以天地萬物為一體者也，其視天下猶一家，中國猶一人焉……大人之能以天地萬物為一體也，非意之也，其心之仁本若是其與天地萬物而為一也。豈惟大人，雖小人之心，亦莫不然；彼顧自小耳。是故見孺子入井，而必有怵惕惻隱之心焉，是其仁之與孺子為一體也；孺子猶同類者也，見鳥獸之哀鳴觳觫，而性有不忍之心焉，是其仁之與鳥獸而為一體也；鳥獸猶有知覺者也，見草木之摧折，而必有憫恤之心焉，是其仁之與草木而為一體也；草木猶有生意者也，見瓦石之毀壞，而必有顧惜之心焉，是其仁與瓦石而為一體也。是其一體之仁也，雖小人之心，亦必有之，是乃根於天命之性，而自然靈昭不昧者也。（《王陽明全集・大學問》）

以天地萬物為一體，視人猶己，視國猶家，視天下猶一人，這就是所謂「一體之仁」。

㈣ 生生之謂《易》

王夫之、戴震於明清之際，從大化日新、生生原流的哲學層面，對二千多年所不斷承續發展的生生傳統，進行了高度的理論概括和邏輯總結。

船山深造乎易道，而以體用發揮生生之說。他說：

> 生生之謂易，此以下，正言《易》之所有，設皆一陰一陽之謂道而人性之全體也。生生者，有其體而動幾必萌，以顯諸仁；有其藏必以時利見，而效其用；鼓萬物而不憂，則無不可發見，以興起富有日新之德業，此性一而四端必萌，萬善必興，生生不已之幾。而易之由大衍而生數，由數而生爻，由爻而生卦，由卦而生變佔，由變佔而生天下之亹亹。有源故不窮，乘時故不悖，皆即此道也。

他認為，易由大衍—數—爻—卦—變占—天下，深蘊天地生生之道。生生之道為體，以陰陽相摩相蕩為「動幾」則顯諸仁；而其「效用」、「利見」則為「富有日新之德業」。由此「天地之大德者，生也。」生是世界最根本的特性，存在合理性的依據。他又將生分為兩個層面：「是生」與「化生」。

所謂「是生」，是指「未有形器之先」，氣之本體的運動，是物質世界內部自我運動的蓬勃展開。他說：「《易》有太極，固有之也，同有之也。太極生兩儀，兩儀生四象，四象生八卦，固有之則俱生矣，故曰『是生』。是生者，立於此而生，非待推於彼而生之。則明魄同輪而源流一水也。」（《周易外傳・繫辭上傳第十一章》）「是生」是氣自身內在矛盾的展開，而不是外部的作用，混沌的元氣因含固有之陰陽二氣絪緼之性，包含著過程的起始、展開乃至完成的全部內容，但還不是發用流行。

「化生」是「既有形器之後」，現象世界的運動。他說：「天不聽物之自然，是故全錯而化生。」（《思問錄・內篇》）生是氣由陰陽之氣、潛在之性發用流行而顯現為物之形質。「是生」為體，「化生」為用，為神。「變則神之用，變者，化之體，化之體神也。」（《張子正蒙注・神化》）變指量變，化指突變。全錯為突變的基礎，全錯的功用為量變。在「是生」、「化生」的基礎上，他提出了大化日新的觀念：「天地之德不易，而天地之化日新。」（《思問錄・外篇》）「生」是世界恆常不易的本質，是體；「變」是天地自然推故致新的過程，是用。

戴震亦認為，仁為「生生之德」即「一人遂其生，推之而與天下共遂其生」。他說：「仁者，生生之德也，民之質矣，日用飲食。無非人道所以生生者。一人遂其生，推之而與天下共遂其生，仁也。」所謂仁，就是天地萬物不斷產生、變化、發展的特性；每個人在滿足自己生存需要的時候，推而廣之，使天下所有的人都生存下去，這就是仁。這種生生之道是天地宇宙根本之道。

《法象論》云：「生生者化之原，生生而條理者化之流……草木之根幹枝花葉實謂之生，果實之白全其生之性謂之息，君子之學也如生，存其心以合天地之如息。以息為生，天地所以成化，是故生生者仁，條理者禮，斷絕者義，藏主者智。」《讀易繫辭論性》又云：「生生仁也，未有生生而不條理者。條理之秩然，禮至著也；條理之截然，義至著也，以是見天地之常。三者感得，天下之至善也，人物之常也。故曰：『繼之者善也。』言乎人物之生，其善則與天地不隔者也。」意思是說，生生為仁，為變化之源；生生的條理即禮，為變化之流。而其基礎，則在天道之生。「在天為氣化之生生，在人為其生生之心，是乃仁之為德也。」從而為仁學找到宇宙自然的哲理依據。生生成為貫通自然社會的普遍之理，仁德成為其在社會領域的具象體現。

㈤ 生生之謂道

《易》文化所包蘊的生生之道，成為中國文化發展的酵母，塑造了中國哲學的基本性格，規定了中國哲學發展的基本走向，同時也成為影響和制衡整個民族精神發展和心靈世界構建的重要力量。

生生之道是中國文化發展的主要脈絡之一。中國文化的發展導源於《易經》，在其歷經幾千年的衍生涵化過程中形成了源遠流長的易文化傳統。而其中對生生之道的關注儼然構成了易文化發展的一條主線。

《易經》本為卜筮之書，它凝聚著華夏先民仰觀俯察宇宙自然生生不息的卓越智慧。在「宗教化為思想」的哲學化進程中，以孔子為代表的儒家易學從中推演出一套立己立人的人生哲學；以老子為代表的道家易學從中推演出一套全真葆性的養生哲學。分別為易文化傳統生生之道開發出兩個不同的人文精神發展路向。儘管這兩種哲學自成體系，卻又都殊途同歸、共同匯注於《易傳》。

《易傳》以《易經》為基礎，涵化原始儒道易學的發展成果，提煉出了一套系統的生生哲學。爾後，以《周易參同契》為代表的道教將這套生生之道引入內養外煉的丹術，熔冶出一套生命哲學。宋明道學涵化道教成果，以先秦儒家生生之道為基礎加以會通、整合，船山最後從哲學高度總其成。中國傳統的為學宗旨：「究天人之際，通古今之變」，就是要窮通宇（上下四方）宙（古往今來）的生生之道。可見，生生之道貫注於中國哲學的歷史發展和內在結構之中。它展現為儒釋道等多元文化的衝突與涵化而得以光大發揚、深化發展。它所蘊涵的哲學智慧、理想人格成為我們今天詮釋傳統文化、鍛造未來文化的重要理論依據。

生生之道蘊涵著的深刻的整體辯證智慧，使中國哲學和西方哲學傳統頗相異趣。它將整個世界視為一個整體和諧的系統，這個系統內部自然界一切事物與現象之間，自然界和人類社會之間，人類社會內部人與人、人與社會之間具有一種相生化生、共存互動的辯證關係。

「生生」不僅是萬物相生即事物存在的法則，也是萬物化生即事物產生、發展的法則；不僅是宇宙自然存在和發展的法則，是人與自然共生共存、共同發展的法則，也是社會人倫存在、發展的法則。萬物的生生，既包含了「道生一，一生二，二生三，三生萬物」的量的擴張，也包含著「日新」的質的飛躍，這與西方機械主義形成了鮮明的比照；生生的動力不在於事物的外部，而是根源於事物內部剛柔相推、陰陽相蕩的對立和衝突，這就使中國哲學避免了類似西方外因論的發展路向；相生化生的運動未有窮期，是宇宙自然間永恆、絕對的原則，也是人類社會必須遵循的永恆、絕對的準則，這與西方哲學將幾何、物理定律視為絕對準則頗相異趣。

生生之道所蘊涵的生命理性，使中國哲學實質上成為一種精緻的生命哲學。它認為宇宙自然（人是自然的一部分）的規律就是生命的規律，是最高的規律。這種規律為處理人和自然的關系以及人類社會內部的關係提供了有益的啟示，是人類處理多向關係必須遵循的共同原則，因而具有普遍性。

它在以生命觀點解釋宇宙而形成的有性宇宙觀的基礎上，又將宇宙生命運動的規律，應用於人體養生、倫理道德修養，從而進一步將宇宙生命哲學深化為養生生命哲學（老子、道家、道教）和人生生命哲學（孔子、儒家、儒學）兩個發展路向，成為構建儒道互補格局、致思趨向的文化基礎。

由《易》所播衍的中國哲學文化的大流，雖在形式上呈現出色彩斑斕的眾多派別，然就其認識方法和原則而言，即始終未曾偏離生命理性的主旨。生命哲學正是這種生命理性和客觀結果的外在表徵。這種生命哲學，避免了西方的機械論，而又邏輯地包含了西方的機械論。

當然，這種生生哲學的產生和發展畢竟是建立在閉鎖的小生產宗法私有制基礎之上的，因而不可避免地具有某些方面的局限。比如，就人類社會內部的關係而言，生生哲學只是片面強調個體之間的天然聯繫與和諧，而忽視了個體的相對獨立性和自由品格的培育，這是創始於宗法奴隸制社會，發展為宗法封建社會的社會存在於哲學上的客觀反映，是這種特定的社會存在所規定的中國哲學的嚴重缺陷。但是，這些缺陷並不能遮蓋中國傳統生生哲學對人類智慧寶庫的獨特貢獻。而且，這些缺陷也正是我們在現代化大生產巨大發展的基礎上對生生傳統加以辯證否定、邏輯整合，重構現代中國哲學的歷史依據。

可以預見，中國哲學的未來發展，在一定意義上，是在現代新型的社會結構基礎之上對生生之道所包蘊的相生化生和諧智慧的重新弘揚，在現代化大生產基礎上重建「保合」、「太和」，也應是我們努力的目標。

不僅如此，它也是我們當今弘揚民族精神、重構未來文化的重要文化基因。

中華易文化所蘊含的生生精神，是中華民族的精魂。田園牧歌式的農耕文明，天人合一的內養之道，體現的是人與自然之間的和諧與協調；立己立人式的忠恕之道，捨生取義的仁士之道體現的是人與人之間一種真誠友善與仁愛。這些正是中華民族歷經千劫萬難而始終不衰的奧妙所在。洪水滔天、十日並出、猛獸食民等無數的自然磨難，禁言監謗、焚書坑儒、黨爭文禍等等無數的社會磨難，而她始終葆有青春的活力。這種搏動在民族血脈中的盎然生命力，是易文化陶冶出的智慧靈根，是中華民族的精魂。也是我們民族走向未來、鍛造理想人格永不枯竭的精神泉源。

現代社會普遍面臨著工業化所造成的精神困擾與人文危機。就歐美等西方資本主義國家而言，從人與自然關係層面而論，由於片面強調人與自然的二元對立，導致生態環境的急劇惡化。

水土流失、自然資源枯竭、野生稀有動物危機，氣候反常等給人類帶來了極大的災難；從人與人關係層面而論，片面強調個人的獨立品性，導致相互猜忌，隔閡日漸加深，人與人之間難以形成相互溝通、相互理解、相互信任的和諧人際關係。人際關係的疏離造成了嚴重的人性扭曲，嗜養寵物、同性戀、吸毒、智慧犯罪、暴力行為等等一系列社會病症成為西方社會無法克服的痼疾；從人與社會關係層面而論，片面強調自我本位、自我中心主義，導致私欲膨脹、拜金主義盛行，道德淪喪、人欲橫流。找到化解諸種形式矛盾和衝突的良方，尋求挺立主體人格的精神力量，成為現代西方社會緊迫性的時代課題。

此時古老的生生之道所體現的人與宇宙自然相生並存、共同發展的和諧精神，人與人相生並存、共同發展的仁愛精神，對現代世界變理、緩解人際關係，解脫煩惱，安頓精神，顯示出日漸重要的文化診療價值。同時，面對現代歐美社會普遍出現的生態失調、心理失衡等重重困擾，亦給現代化進程中的中華民族以深遠的啟示。尤其是在建設社會主義市場經濟的過程中，我們完全可以充分運用生生之道所蘊含的精神和智慧作為價值導引，在新的時代場景下重塑中華民族的現代理想人格，從而避免歐美社會所出現的後現代化弊端，並將無法避免的弊端減至儘可能小的程度。生生精神必將在新的時代條件下煥發新的活力。

中國文化天人共存、生生不息的親和精神，中華民族立己立人、達己達人的仁愛精神，厚德載物、修己安人的道德情操，是中華民族惠予未來世界的有價值的文化瑰寶。古老的易學，悠久的易文化傳統，經過現代文明的洗禮與磨礪，將散發出更加卓異的光耀。生生之道是傳統的，又是現代的；古老易學是中國的，也是世界的。

三、繼之者善，成之者性

天道性命相貫通是易文化傳統的一個基本理念，上一節我們探討了易學理想人格的形上學基礎，即生生之道、生生之德。那麼，理想人格的人性論根基何在？這種理想人格是否需要培育？如何遏惡揚善？等等問題就邏輯地呈現出來。

作為先秦易文化最高理論凝結的《易傳》接下來對人性與理想人格這一主題進行了闡發，這就是「繼善成性」的問題。

㈠「繼善成性」的由來

「繼善成性」語出《易傳‧繫辭上傳》：「一陰一陽之謂道。繼之者，善也。成之者，性也。仁者見之謂之仁，知者見之謂之知，百姓日用而不知，故君子之道鮮矣。」這是先秦易學人性論最為概括、最為經典式的論述。

「一陰一陽之謂道」的「道」，統天地人三才。「繼之者善也，成之者性也」，善、性是專就人而言。道生善，善生性，這是一個相互統屬的生成系列。天地人，莫不有陰陽，莫不受道的支配，人作為其中的一個組成部分，是隸屬於宇宙之全體的。但是，人物有性，天地非有性，而人之性與物之性又不相同。其所以如此，是因為物之性乘大化之偶然，陰陽的搭配組合不是恰到好處，合適得當，而人之性則合一陰一陽之美，成為萬物之靈。

具體來說，人性中的一陰一陽之美就是「立人之道曰仁與義」。人之性具有仁與義的屬性，而物之性沒有這種本質規定。人為萬物之靈，最為天下貴，因而人性比物性高了一個層次。但是，人性是由物性發展而來，統天地人皆本於一陰一陽之道，追本溯源，人所獨有的仁義之性其實就是宇宙所共有的一陰一陽的體現。

「繼之者善也」，是就本原意義而言，天人之間的溝通，關鍵在於一個「繼」字。繼即繼承、繼續之義。這當然是就人說的，只有人才能自覺地去「繼」，這樣人只有繼才能善，不繼則不善。惟實而論，天道本無所謂善與不善，物也無所謂善與不善，惟有人才能自覺的承繼天道，使之綿延勿絕、相承勿止，所以才叫做善；否則，人若不能充分發揮人的主體性，有所不繼，則為惡。

「成之者性也」，更進一步地突出了人的主體性地位。誠然，人若不能繼承天道，也就無所謂善。但是人若不發揮主體性去實現善，就不可能凝而為性。「存存」即「生生」之意，但生生是就天道而言，存存是對人的實踐工夫而言。存存指性的保存與發揮。因此，人在道德行為上，一方面「有過則改」，所以消融生命的私念駁雜；一方面「見善則遷」，所以增其德行，即「改過遷善」的「善補過」的工夫。

《易傳・繫辭上傳》指出：「成性存存，道義之門。」所謂「存存」，是人存其所存，不使善墮失，而使之內化為自己的本性，這是進入道義的門戶，完成德業的根本。可見，《易傳》認為人性與天道相連貫，人性來源於天道。天道下貫於人，人承載天道則為善，天道是人性本善的依據。

同時它又十分強調人的後天道德修養，以自強不息的主體精神葆有並完善，使自己的本性，呈露為一種理想人格，成就一種人格理想。這是就本體而言。

就工夫而言，「成性」的性是人本有的、先天的，為何還說「成」？「成性」的

「成」並不是本無而今有意義上的成，而是形成，即把本有的東西彰顯出來。顯而易見，這個「成」是從工夫上講的，不是從存有上講的。

本來有的，要通過工夫把它體現出來。這個性一定要由無止境的實踐工夫、無限的進程來彰顯，「無限的進程」，指的是生生不已的進德歷程，即對實踐工夫的無限的進程之形容，就是「存存」。

從普遍的人性來看，人無有不善。但是，就實際的表現而言，則有不同程度的差別。把人性實現得完滿無缺的最高典範是聖人。《乾卦・文言傳》提出：「夫『大人』者，與天地合其德，與日月合其明，與四時合其序，與鬼神合其吉凶。先天而天弗違，後天而奉天時。」這是一種天人合一的境界。

總之，《易傳》的道、善、性三個概念構成了一個完整的邏輯體系，是對老莊、孟、荀人性論思想的一次高度整合。由生生不易之道，人繼之則為善端，存之則為人性。王夫之曾經指出：「專言性，則三品、性惡之說興；溯言善，則天人合一之理得；概言道，則無善、無惡、無性之妄又嬉矣。」（《周易外傳》卷五）

也就是說，如果把道、善、性三者割裂開來，就會推導出一些片面的看法。道為善、性之所出，但不能把善、性完全歸結為道，道家恰好具有這種片面性；割裂性與天道的關係，脫離道與善而專言性，看不到性的實際表現有不同程度之差，荀子的「性惡論」，董仲舒、韓愈等人的「性三品說」（性分善、中、惡三個層次）恰好具有這種片面性；繼之者善，不繼則不善，道生善，善生性。專言善而不追溯善之所出，也是不行的。只有著眼於這種天人之序，才能把握天人合一之理。

(二)「繼善成性」的主體意識

「繼善成性」是由道之「生生」而來的，其中蘊含著強烈的主體性意識。世上萬物之中，只有人不是由外在所規定的，而是自己把自己造成的存在。如果說生生之天道先天地賦予了他什麼的話，那就是由自己發揮主體能動性來完善自己的能力。

《易經》的一個顯著特色在於將宇宙論、認識論和道德哲學融為一體。形上學的心性問題、理氣問題等等都只不過是服務於價值主體的重建，以至於將人的主體地位提升到「參贊天地之化育」的終極層面。

這種思路從根本上成為制約整個中國哲學文化思想發展路向的一個基因，使中西哲學思想文化與民族精神呈現出不同的面貌。

人是陰陽交感生發的整個宇宙的一部分。即言：「《易》之為書也，廣大悉備。有天道焉，有人道焉，有地道焉。」（《易傳‧繫辭下傳》）人是宇宙中的存有者，人的生命與宇宙生命息息相關。順著這樣的思維方式，以一種參贊天地的詮釋方式，將自然的生命和人的生命聯繫在一起，天人合一這一問題因而充滿著價值性色彩。由此，我們可以洞察其中所蘊含的道德主體性。但問題是，為何只有人具有主體性而能實現天人合一的理想呢？宋明時期的程氏對此做了回答：

所謂萬物一體者，皆有此理。只為從那裡來。生生之謂易。生則一時生，皆具此理。人則能推，物則氣錯，推不得。（《二程集》，《河南程氏遺書》卷二上）

萬物不但皆從同一根源來，而且皆具有生生之理以為性。也就是說，人物都具有創造性，其差別在於人能推而物不能推。即人具有自我反思的能力，能夠彰顯普遍的理或生理以為自己的本性。而「物氣錯」，只不過潛在地具備這種能力，其自覺心不能呈現，所以不能推。

萬物是從同一根源來的「一體」，就好像一家子孫由於同一祖先而相連屬成一家一體一樣。因為一切存在「皆具此理」，所以，每一個個體都是創造的中心。不過，只有人「窮理盡性」、「成性存存」，發揮自己內在的生生的道德創造性，才能「與天地合其德」而開顯道德主體性。可見，要了解天道的創造性，只有完全走到人的自身的存在中，才能達到普遍的創造淵源。這裡只強調主體性，人把自己內在的道德創造性發掘出來，亦是闡明天道的一種方式。

《周易》是把重點放在作為既是個體生命活動的自我認識方法又是與普遍的天道真實交往方法之反觀上。《周易》認識主體不重在對主體的概念含義，而是把致思的重點放在「人如何體認或實現自我」的道德實踐問題之上。

以人的道德為主體，認為客觀世界之理是可以由人的道德修養心領神會，體驗證悟的。《周易》將人的道德主體問題放在自我反思的道德實踐領域，這種自我反思的道德活動，就是作為一種對自身存在的深入認識之體認。體，即將整個身心都投入進去。以人的整個身心去體認自我，去體認生命的本質，經過體認的方式意識到自己是一個善的、道德的存在。這種道德體認的方式，不僅是人之真實的源頭，而且又是所謂「贊天地之化育」的根本。

張載在對待天人關係上，主張發揮人的主體性。他認為，天道人道雖然有共同的法則，但不能因此將兩者混同。其區別就在於主體性。他說：

> 天能謂性，人謀謂能。大人盡性，不以天能為能而以人謀為能，故曰「天地設位，聖人成能」。天人不須強分，易言天道，則與人事一滚論之，若分別則只是薄乎云爾。自然人謀合，蓋一體也，人謀之所經畫，亦莫非天理。（《橫渠易說・繫辭下》）

也就是說，由於人道天道有共同的法則，兩者統一於易，所以「不須強分」；天是自然而然的，即「天能謂性」，「人謀為能」。

㈢「繼善成性」與成人之道

《周易》十分注重在由現實世界向價值世界的躍升運動中外在教育因素的重要

性，也就是說，在它看來，理想人格也需要由教育的途徑加以培養。這是易文化傳統中十分重要的一個層面。由《易》發端而著力弘揚陽剛乾道人文精神的儒家素來注重「成人之道」，就是一個典型的範例。

孔、孟、荀以至程、朱、陸、王等大儒，都是教育家，他們的理想人格學說與教育有著密切的關係。

《孟子・公孫丑》言：「昔者子貢問於孔子曰：『夫子聖矣乎？』孔子曰：『聖則吾不能，我學不厭而教不倦也。』子貢曰：『學不厭，智也；教不倦，仁也。仁且智，夫子既聖矣。』」可見，儒家的理想人格是從教育實踐中總結出的。如何由教育來培養理想人格是儒家的理論和實踐所要解決的主要問題。

孔子以「學而不厭，誨人不倦」的精神品德樹立了榜樣。他用「以心傳心」的方式，與學生一起共同「言志」，確實有利於理想人格的培養。自然，儒家的理想人格得以深入人心。

同時，《周易》的成人之道更為注重的是「自反」，即以反觀內省的方式重建價值主體。樂觀地認為，只要徹底地反觀到自己，糾正自己的錯誤和虛偽的生活方式，就能發掘本有的善性，重現本然的天性，以臻理想之境。當自我進行反觀之時，就會重新回到一個新的真實的起點，這種真實性引導著我們重新獲得自強不息的道德感，重新走上聖人的歷程。

這是「生生」之道流貫到人的道德生命之中以後，對主體性的人的內在邏輯要求。也就是說《周易》所真正關注的是「生生」之道在人生境界、理想人格上的落實，而這只有透過主體的不斷自我更新與重建（「生生」）才能達成。惟其如此，「生生」之道才是完整的、有意義的。

依循這種邏輯理論，《周易》構建了一個崇高的價值世界。《周易》強調人必須不斷「反身修德」。因為「天行健」之至誠無息，最後必須由個人「詮釋」給自己受用，整個生生不息地創造的真理等著我們自己親身體認。

人由於蘊含陰陽之道而先天具有創造自己的稟賦。然而，現實中的人卻往往執著於物欲而障蔽了這種天性。人在現實生活中受到許多外在條件的限制與影響，容易喪失創造性。《易經》也承認人的現實與理想之間的差距，觸目即是的吉、凶、悔、吝等等概念，即是這種觀念的體現。正如焦循所言：「《易》之一書，聖人教人改過之書也。」《周易》雖然說人的本質是由道所賦予的，但不可否認的是，在經驗世界中，自我往往受到物欲、私欲的牽引與蒙蔽，自我的本性無法充分地呈露出來，這樣就需要回復。

人的生命在不斷的形成過程之中，其最高的理想境界本來潛伏於每個人的心中，人雖然可以憑借修養將之顯發出來，然而這卻是一個異常艱難的過程，這個過程要經由能動的努力。

換句話說，創生萬物的創造性要由主體的道德的創造性來證實和顯現。如果沒有個人自身的親證，則一切的聖人的形式，甚至聖人的內容亦將失去光彩。只有通過自強不息的積極主動的內在化過程，人們才能體證其意義與價值。

從《易經》的「反觀」、「自反」，即從人性的本原上看來，可以說「人皆可以為堯舜」，人都有「成聖」的可能性。人如果想成為聖人或大人，必須從「自己」出發，即從自己親身的實在的體證出發，才能成就堯舜那樣偉大的人格。

由自反的詮釋或自我體認，親證自己是一個永恆不斷創造的泉源，在生生不已的過程中實現自己、完成自己。

《易經》所謂「生生」之形上學的終極意義，其重點並不落腳在生物學的論證或討論上，而是在「個人」自己親身的體認或發揮上。

「自反」，如從《易經》之語言看，似是從《晉卦・大象傳》說的「明出地上，晉。君子以自昭明德」的「自昭明德」，及《蹇卦・大象傳》說的「山上有水，蹇。君子以反身修德」的「反身修德」而來。「自昭明德」的「昭」，指的是照明；「明德」是由《大學》「大學之道，在明明德」而來。自昭明德，就是自己照明自己內在的本性。「反身修德」的「反」，通返，由《復卦・大象傳》中的「『反覆其道，七日來復』，天行也」的「反」字而來。因此，自反，其意是指省思或回歸於人生先天具有的「本性」。就其實質來說，便是「明其生」的意思，即指在內心中要體認到天地生生之德。

人本有「本性」「天性」，就是自強不息的創造活動的出發點或源頭。在現實經驗世界的諸多限制中，由人的行為及生活方式引出悔、孚、吝、厲、無咎等觀念。其中「悔」「孚」是實現理想人格的根本方法。由悔而孚即能通，即元亨利貞。「悔」，可以說是反觀或反省自己錯誤的生活方式而引導於新的起點，也就是說，悔是使人重新回到人性的原點的途徑。

總起來說，《易經》要求人自己必須不斷地「反觀」，重新回到作為創造泉源的出發點。只有在不斷的自反的詮釋、再詮釋的歷程中才能發揚自我更新的精神。所謂詮釋，不只是一種純粹理論上的解析，更重要的是與當下的自我活動相關聯的發揮和重建。也就是說，詮釋活動，具有鮮明的主體性色彩。透過這種詮釋活動，《易經》不是從固定的理論形式，而是在實在的歷程中把握了人的真實主體。

在這個動態的歷程之中，作為有限的經驗存在的人，會經歷許多艱困與挫折，面對人生不斷的挑戰。只有能夠經受得住這種動態的挑戰者，煥發生命源頭的創造性，不斷進行自我詮釋的人，才能具顯為「聖人」、「大人」。

「繼善成性」的觀念在今天看來雖然帶有某種程度的虛妄成分，但是，卻流露出天人對立統一、整體和諧的審美情趣。是追求天人合德、順天法道理想人格的重要邏輯仲介。

四、自強不息，厚德載物

陰陽相生、生生不已的天道貫注到人性，由繼善成性的功夫，在天地之中，挺立出主體人格，成就了自強不息、厚德載物兩種主要的精神傳統，形成了相生互補的兩種德性。《周易》以乾、坤二卦開其端，「天行健，君子以自強不息；地勢坤，君子以厚德載物。」（《乾卦、坤卦・大象傳》）《易傳》以「一陰一陽之謂道」總其成，「行中之宜」的君子人格理想盡蘊其中。在憂患中自強不息。

數千年來，《周易》所闡揚的自強不息精神，哺育了一代又一代英雄人物，正如魯迅所說：「我們從古以來，就有埋頭苦幹的人，有拼命硬幹的人，有為民請命的人，有捨身求法的人……這就是中國的脊樑。」❷

生生不已的天道，毫無人為造作的因素介入其中，自然而然，自生自化。人自強不息地效法天地之道，是達於天人合一的境界的基本途徑。換句話說，人效法天地健行不息的創造性活動，內化為人自己的主動實踐行為。人由作這種功能合一的效法或內省方式，把它應用到自己身上，從而創造新的生命價值。也可以說，自強不息是生生之道在人類剛健進取精神方面的具體體現，是確立中華民族積極向上精神的一個重要體現。

剛健中正、自強不息，含弘光大、厚德載物，這是易學所倡導的民族精神的兩個相生互補的層面，也是中國人的一種本色化的人生哲學，構成了中華民族理想人格的理論支柱。

(一)乾道精神與理想人格

「天行健，君子以自強不息」（《乾卦・大象傳》）是《易傳》的著名命題。「健」，即運行不止，亦即剛健有為之意；「自強不息」，即主動地努力向上，決不懈怠。作為理想人格的君子具有勤奮不懈地從事某一事業的精神，這在兩千多年的歷史長河中激勵著人們努力進取，積極向上，成為後世奮發有為的知識分子立身處世的重要原則。

《易經・乾卦》六爻的爻辭皆以「龍」為象徵述事。龍在我國文字中的蹤跡是源遠流長的，根據古史資料的記載，遠在伏羲傳說時代，就有以龍為標記和以龍為官名的，如「龍師」。雖然在古代傳說中，「龍」曾經作為一種圖騰被崇拜，可是在現實中並不存在，但在中國人的心目中卻一直活靈活現，栩栩如生。龍實際上已成為中華民族和中華文化的象徵。

「自強不息」的民族精神和人格境界著重在儒家一派那裡得到了較多的闡發。具體體現在以下五個方面：

首先，在道德修養方面。

乾道精神體現在「重道輕藝、重義輕利」的價值取向上。《中庸》言：「道也者，不可須臾離也，可離非道也。是故君子戒慎乎其所不睹，恐懼乎其所不聞。」王守仁對此進行了詮釋：「防於未萌之先而克方萌之際，此正《中庸》戒慎恐懼、《大學》致知格物之功。」（《傳習錄》中）

可見，直到王守仁，戒慎恐懼仍只具有消極的道德層面的含義，故他要「防於未萌」，「克於方萌」。然而，他的受業弟子、深得王學正傳的鄒守益，在師說的基礎上，又賦予了其「自強不息」的新意，頗值得玩味，茲引如下：

> 自強不息，學者之所以希天也……息則與天不相似矣。故曰：君子不動而敬，不言而信，戒慎乎其所不睹，恐懼乎其所不聞，則無須臾之息而天德純矣，天德純而王道出矣。此千聖相傳之心法也。（《東廓鄒先生文集》卷一，《康齋日記序》）

他以「無須臾之息」即自強不息的精神從積極的層面來解釋「戒慎恐懼」，使表現上具有濃厚消極防範之意的「戒慎恐懼」具有了積極進取的新意。使《中庸》在這個時期具有了一種全新氣象。「莫見乎隱，莫顯乎微，故君子慎其獨也。」以為最隱蔽的地方最能看見人的品質，最微小的事情最能顯示人的靈魂，故君子在獨處時要堅持不幹壞事。效法天道、積極進取，時刻開發自身所具有的本質力量之一的德性，即

「無須臾之息而天德純矣」，把人格的培養看成是一個由人的天性而逐漸趨向理想德性的發展過程。

人所具有的天性，是自強不息的基礎和前提，經由實踐、教育和修養，天性可以發展為德性，培養人格。在這裡，自強不息的主體精神是由人的德性開發出理想人格的重要動力。這種見解是十分深刻的。

其二，在民族精神方面。

自強不息既非一人一事的偶爾流露，也非一時一地的倏忽閃爍，而是內化為一種世代賡續、綿延不絕的民族精神。正是這種剛健有為、自強不息的精神維護了中國的統一，推動了社會文化的發展。就政治生活而言，表現為貴一尚同，對外來的侵略勢力決不屈服、堅持抗爭的使命感。每當外敵入侵時，中華民族總是以「殺身成仁、捨生取義」的精神進行反侵略、反壓迫的抗爭。無數志士仁人，鞠躬盡瘁死而後已。其中以文天祥「法天不息」的哲學及其在抗元中表現出來的浩然正氣最為典型。這種在憂患中滋生的自強不息精神，是中華民族的凝聚力與向心力，鼓舞著中華民族自立自強、不斷進取。

就中國文化的發展而言，正是這種精神孕育出了「出師未捷身先死，長使英雄淚滿襟」（杜甫《蜀相》）、「會挽雕弓如滿月，西北望，射天狼」（蘇軾《江城子・密州出獵》）式的豪邁詩篇和民族情懷。

自強不息作為君子的人格境界，不但造就了無數德行卓著的君子，而且得到民眾的廣泛認同，成為塑造自身人格的內在動力。這種剛健有為、不屈不撓的人格境界，沁入中華民族子孫的心田，在今天還仍然保有生命的活力。

其三，在文化生活方面。

中國文化的基本精神是以人文主義為核心的。中國文化的基本精神之一即是自強不息。《易傳》的君子精神正是剛健有為、自強不息精神的集中概括和生動寫照。

從漢代到清代，《易傳》的思想深入人心，其剛健有為的觀點，為全社會所接受。不僅對知識分子，而且對於一般民眾也產生了強烈的激勵作用。「西伯拘而演《周易》，仲尼厄而作《春秋》，屈原放逐乃賦《離騷》，左丘失明厥有《國語》，孫子臏腳《兵法》修列，不韋遷蜀世傳《呂覽》，韓非囚秦《說難》《孤憤》，《詩》三百篇大抵聖賢發憤之所為也。」（《史記・太史公自序》）這段有名的記載，反映了中華民族在挫折中奮起抗爭的精神狀態和堅忍不拔的意志。

其四，在治學之道方面。

《中庸》曾經提到博學、審問、慎思、明辨、篤行，朱熹在《中庸章句》的注中說，「君子之學，不為則已，為則必要其成，故常百倍其功」。據說，他的代表作《四書集注》一書，前後共歷四十餘年，七易其稿。他把進步「皆在我不在人」的自強不息的精神看做是學者成就高遠人格境界的重要動因，或許這也正是朱熹成為閩學開創者、宋明理學集大成者的重要原因。

縱觀歷史，橫察當世，在思想文化、科學技術、各行各業上有所作為者，無不是把自己的成功建立在自身的積極努力之上，而絕少有人去尋找客觀的原因、他人的制約。誠然，做任何事，都會有主客觀條件的制約，都離不開自己和他人的努力，但是，客觀、他人都只是成就功業的外部因素，而主體自身的以自強不息的精神去積極進取，以煥發潛在的創造力，確是其中至關重要的內容。

治學更是如此，「其止吾自止」，「其進吾自進」，自覺地意識到並且重視抉發自身的內在潛力，則會「積少成多」，「百倍其功」。李燾為編《續資治通鑑長編》，「網羅收拾，垂四十年」；談遷遍考群籍撰《國榷》，不料為賊所盜，卻以堅毅的精神發憤重新編修；黃宗羲為編《宋元學案》，幾近九死一生。這種堅貞不渝、自強不息的精神，正是中華古老文明延綿至今、成為世界惟一未曾中斷的文明的深層原因。

其五，在經濟社會生活方面。

開物成務的創造精神，革故鼎新的變革精神，聚人以財的富強意識，明罰敕法的法治觀念等等，都是乾道精神在經濟社會生活方面的外化。也就是說，易所說的理想人格，不僅僅在政治、文化、治學、道德教化、民族心理方面有突出的體現，在經世致用方面也有重要的體現，這是促進中國古代文明穩步發展以至繁盛的踏實基礎。

值得指出的是，自強不息作為君子理想人格的內涵之一，這種自強不息的人文精神，來自於「受命於天」的信念，有了這種信念，的確可以「居天下之廣居，立天下之正位，行天下之大道」。（《孟子・滕文公》）但是，這種信念把「天命」作為責任感、使命感的最後依據，不能不在一定程度上沖淡了「自強不息」的人文色彩，這是我們今天在建構現代理想人格時必須加以格外關注的。

㈡坤道精神與理想人格

「地勢坤，君子以厚德載物」是《易傳》另一著名命題。「坤」，即靜立寬厚，作為理想人格的君子應效法坤德以寬容博大的精神容納百川萬物。「坤厚載物，德合無疆。含弘光大，品物咸亨」（《坤卦・彖傳》），這是說，地德深厚，與天德相配，無所不包而得亨德。教人培養像大地般廣闊的胸懷，包容萬物的度量。這在兩千多年的歷史長河中啟示中華民族以寬厚、淳樸、柔韌的精神包容、化育萬物，以一種廣納百川的胸懷處理人際關係、接納異域文明。

如《坤》卦所強調的「直、方、大」，即坦誠正直、端莊大方、寬宏大度的精神；《謙》卦所說的「謙謙君子，用涉大川」等等。這些精神，成為後世隱士風範的濫觴。《易經・謙卦》：

謙：亨。君子有終。

初六，謙謙君子，用涉大川，吉。

六二，鳴謙，貞吉。

九三，勞謙，君子有終，吉。

六四，無不利，撝謙。

六五，不富，以其鄰利用侵伐，無不利。

上六，鳴謙，利用行師、征邑國。

《易經》認識到堅強的事物是不會持久的。《易經‧豫卦》六二爻辭曰：「介於石，不終日，貞吉。」「介於石」，即堅如石。意思是說，堅強如石之物，不能存在一日。若能認識到此，則不敢以此種態度自居，可得貞吉的好效果。

厚德載物這一民族精神和理想人格境界在老莊道家那裡得到了長足的發揮。《老子》以道為宇宙本原，並從道論中推導出了它的人生理論。

《老子》認為，人首先必須了解和掌握自然及社會的基本運動變化規律，具有相應的理論思維能力。其具體行為規則是「法地」、「法天」、「法道」、「法自然」。《老子》「法天道」、「法自然」，從對自然界的體察親證到大江大河包容百川的偉大，對水給予了很高的、甚至只有人才有的最高的「至善」品性。「上善若水，水善利萬物而不爭。」「江海之所以能為百谷王，以其善下之，故能為百谷王。」這就是說，自然界江河湖海的包容性給了老子極大的啟發。由此引發出了「知其雄，守其雌，為天下溪……知其榮，守其辱，為天下谷」（《老子》二十八章）的處世態度。

這種處世態度，在歷史上產生了廣泛而深刻的影響。中華民族正是以此為精神基礎，效法厚實柔順、承載萬物的「地」，擔當重任，化育萬物。《老子》中雖未出現謙字，但通篇都推崇謙虛，以為謙虛持下可得吉利者所在皆是：

不自見，故明；不自是，故彰；不自伐，故有功；不自矜，故長。夫唯不爭，故天下莫能與之爭。（《老子》二十二章）

故大邦以下小邦，則取小邦；小邦以下大邦，則取大邦。故或下以取，或下而取。（第六十一章）

我有三寶持而保之：一曰慈，二曰儉，三曰不敢為天下先。（第六十七章）

「慈」、「儉」、「不敢為天下先」，都是效法天道自然。「儉，故能廣。」「治人事天，莫若嗇。夫唯嗇……是謂深根固柢，長生久視之道。」（第五十九章）即是效法坤的厚德。

此外，如「功遂身退」，「功成而弗居」等，都是「謙」德的體現。對於聖人，老子有更高的標準，但是，這種標準也是從厚德載物的一面去加以闡發的。譬如，要遵循無為與不言的原則，不恣意妄為。

老子認為，「飄風不終朝，驟雨不終日」（《老子》二十三章），「兵強則滅，木強則折」，「堅強者死之徒」（第七十六章）。「是故不欲琭琭如玉，硌硌如石。」（《老子》三十九章）這正是從《易經》掘發而來的一種與儒家迥異其趣的價值取向。儒家的剛健進取，在道家則視為有為而被棄之為反價值，由此而開創出一種無為、處下的人生態度：「為學日益，為道日損，損之又損，以至於無為，無為而無不為。」（第四十八章）儒道兩家價值取向剛好構成了一種互補的結構，這就形成了進則儒、退則道的人生價值取向。

每個人都能夠在以《易》為發端的儒道互補的文化結構中找到自己人生的基點，無論在順境或逆境下都能找到一種價值支撐。這是中國古代文化儒學道家化、道學儒家化的奧秘，以至於古代士大夫知識分子有由儒入道者，有由道入儒者，有儒道兼綜者，文化的多元趨向為中華民族在複雜的社會歷史進程中提供了多元的精神資源，使得中華民族精神呈現出絢麗多姿的局面，也為我們今天進一步發掘、弘揚易文化傳統提供了重要的精神基礎。

《老子》有許多和《易經》相通的地方。從歷史上看，正是對《易經》中固有的陰道、柔順思想的進一步深化與發展。《老子》與《周易》的關係，正如陸希聲《道德經傳》所言：「昔伏羲氏畫八卦，象萬物，窮性命之理，順道德之和；老氏亦先天地，本陰陽，推性命之極，原道德之奧，此與伏羲同其原也。」宋代邵雍亦云：「老子得《易》之體」，意思是說，《老子》承襲了《周易》的根本道理。坐實而論，

《老子》確實發揮了《周易》的許多原理。《易傳》所言「一陰一陽之謂道」，《老子》正是充分發揮了其陰道厚德載物的一面。

到了莊子那裡，這種坤道精神成了由「坐忘」、「心齋」的工夫，齊萬物、齊物我、齊是非，達到「離形去知，同於大通」的混沌境界，「乘天地之正，而御六氣之辨」而作「逍遙遊」，最後以至於與天地萬物併、混沌為一的境界。這是效法坤道厚德，立己安人精神而在老子基礎上的進一步發展。

經過魏晉玄學援道入儒的改造過程，到宋明道學，產生了張載流傳千古的《西銘》。他把學術的職志確立為：「為天地立心，為生民立命，為往聖繼絕學，為萬世開太平。」他的宇宙論是「民胞物與」。可以說，由《易經》發端，由老莊道家所弘揚的坤道厚德載物的精神，在中國文化發展的過程中，慢慢演化成為一種包容精神。這種精神是出現「盛唐氣象」、「宋明氣象」文化盛世的精神基礎，也是歷史上數次以本土文化為基礎對外來文化進行成功交融的文化基礎。體現在日常生活過程中，這種精神則是中華民族勤勞、淳樸、寬厚、柔韌、百折不撓精神的活水源頭。

「厚德載物」熔鑄了中華民族豁達樂觀的民族精神。

首先，在道德修養方面，不僅在知進，而且要與時遷移，適時知退。

如果只知進而不知退，沒有包容的精神，就不可能取得大的成就；必須做到「無私」、「無常心」。即拋棄一般人所具有的狹隘的觀念，以百姓之心為心，才能具有寬闊的胸懷；必須具有「與人」、「為人」的利他精神，不能一心只想著自己積聚財富，而應該幫助別人一起聚積財富；必須自重自愛，有自知之明，保持謙恭卑下，不驕不躁的作風；嚴於律己，寬以待人，對他人的弱點和不足採取理解和寬容的態度，在人際關係方面注意忍讓、處下，不能「一毫之拂，即勃然而怒；一事之違，即憤然而發。」（石成金《傳家寶》二集卷八，《謹身要法》）以至達到「君子則以天地為量，何所不容？」（楊時《語錄》，《宋元學案》卷二十五）的道德境界。

其次，在民族心理方面，中國文化有著豁達樂觀的精神。

在中國人看來，人生的意義、個體的價值，存在於現世的生活中。人生在世，富貴發達，固然可喜；仕途坎坷，宦海浮沉，飽經憂患，未必可悲。積極進取、自強不息的人生態度，始終以樂觀主義為基調，從而可以淡化悲觀心理。對真理的追求，對光明的嚮往，使人們對未來滿懷希望。個人際遇的不順，可以用「艱難困苦，玉汝於成」來自我調適，將抑鬱之情導向樂觀之態。團體的事業受到挫折，可以看做是新的成功的契機。社稷傾覆，可以經由臥薪嘗膽來光復。歷來傳誦的「無平不陂，無往不復」，「否極泰來」，表達了人們對未來美好前景的向往與肯定。「道路是曲折的，前途是光明的」，便是這種樂觀精神的積淀和轉化。

中國古典悲劇中，往往是大團圓的結局，雖然有模式化和空想主義的特徵，但畢竟表達了人們對美好結局的向往與追求，是用樂觀態度對待悲劇現實。

其三，在文化價值方面，中華民族的樂觀，伴生了豁達大度的胸襟。

這首先表現為兼容並包的文化價值觀。使得中國文化往往易於與異域其他民族的文化接觸、融合。既以自己的內在特色去影響外來文化，又吸納並融合外來文化。佛學東漸，中土文化是與其相安無事，繼之發生衝突，最後融合為一，相互助補共同發展。伊斯蘭教、基督教在中國也有大致類似的遭遇。至於中國文化內部各個構成要素之間的融合，則更為人們所熟知。儒墨相用相近，儒法相互合流，儒道互為補充，儒佛相互融攝等等，最後融鑄為一。

這些，經過理論上的提煉，便表現為「萬物並育而不相害，道並行而不相背」的原則。表現於社會政治生活，就是提倡「可否相濟」，「和而不同」，集思廣益，擇善而從。表現於文化領域，就是主張「天下同歸而殊途，一致而百慮」（《易傳・繫辭下傳》），兼容並蓄，相輔相成。這種兼容並包的巨大文化包容精神，使中國文化具有很強的吸納能力和改鑄能力，中國人具有博大的胸襟和寬容的情懷，從而使中國文化具有極強的適應力和再生力。

但是，與此同時，中國文化中的豁達樂觀、兼容並包的精神，又包含著不少消極因素。「知足常樂」、「見侮不辱」、「安貧樂道」、「委曲求全」等觀念滲透社會，造成中國人重視守成、樂於守成的保守心態。在成績面前自我滿足，在重大歷史隱患面前缺乏必要的危機感和緊迫感。在重大歷史關頭，往往不能當機立斷，甚至坐失良機。

事實上，剛健進取與寬厚淳樸是中華民族精神的一體兩面。它源於共同的精神母體——《易經》，後來經過儒道的分殊發展，在先秦時期由《易傳》得以同歸而於一流。又經過玄學的儒道兼綜，到唐代成為容納異質佛教文化的一個重要的文化基因。至宋明道學的濫觴，孔孟儒家所弘揚的乾德和老莊道家所弘揚的坤德均融為其重要的組成部分。中華民族外在互補、內在相連的兩種民族精神的主幹成為了中國五千年文明延綿的重要精神支柱。

五、大君之宜，行中之謂

《易》文化由「生生之道」，具象地體現為「繼善」而來的人性，分化為「自強不息」的乾道精神和「厚德載物」的坤道德性，又凝聚為踐行中道的人格典範，從而為中華民族奠立了一個崇高的理想人格——君子。

㈠「易爲君子謀」

君子最早是專指「位」而言，指社會上居高位的人，即社會身份的尊貴；後來才逐漸轉化為指「德之爵」，即一般道德理想人格的通稱。

《易經》中「君子」一詞凡二十一見，與此相對的「小人」只提到十次。從人文精神的視角來看，《易經》是一部教人如何做人的書，它所追求的理想人格是君子，可以說，易學就是成就君子之學。

「《易》為君子謀，不為小人謀。」這是北宋張載提出的著名的易學主張。《橫渠易說》卷三中說：「易為君子謀，不為小人謀，故撰德於卦，雖爻有大小，及繫辭其爻，必喻於君子之義。」君子與小人之分是《周易》的創見，在中國文化思想史上具有深遠影響。它為每一個選擇人生道路的人指明了方向。從這裡，一方面我們可以說，一部大易，只為君子謀；另一方面，從《經》到《傳》，我們也可以看出中國人文思想的悄然躍遷。

王畿認為，易學實際上就是君子之學。他從天人一體、以乾為本的思路出發，認為《周易》是用於提高人的道德素質的經典。尤其著力提倡其中「天行健，君子以自強不息」的君子精神。也就是說，人們應效法天道，以自強不息相勖勉，做一個翩翩君子。

「乾，天德也。天地靈氣，結而為心。無欲者，心之本體，即所謂乾也。天德之運，晝夜周天，終古不息，日月之代明，四時之錯行，不害不悖，以其健也。聖德之運，通乎晝夜，終身不息，堯舜兢業，文王緝熙，孔子不厭不倦，同乎天也。賢人以下，不能以無欲，非強以矯之，則不能勝，故曰自勝者強，所欲不必沉溺。意有所向，更是欲，寡之又寡，以至於無。人以天定，君子之強，以法天也。」

「乾之為卦，或潛或見，或惕或躍，或飛或亢，位雖有六，不過出處兩端而已。內體主處，外體主出。潛，處之極也；亢，出之窮也；見與飛，上下之交也；惕與躍，內外之際也。六者，君子終身經歷之時也。知處而不知出，此心固也。知出而不知處，此心放也，皆所謂意畢也……良知也，氣之靈，謂之乾知，亦謂之明德。大明終始。明乎此而已，君子之學也。故曰君子以此洗心，退藏於密，密之時義，大矣哉！」（《全集‧大象義述》）

在王畿看來，君子應該具備一些基本的品格：

一是剛健有為，奮發努力，始終保持高度的警惕。《乾》卦九三爻辭曰，「君子終日乾乾，夕惕若，厲無咎。」二是要坦誠正直，端莊大方，寬宏大度，即《坤》卦所言「直、方、大」。三是要樂於助人，自己富有，還要使別人富有，正如《小畜》卦九五爻所言，「富以其鄰」。四是要特別謙虛，如《謙》卦初六爻辭所言，「謙謙君子，用涉大川，吉。」《大有》卦九四爻也說，「匪其彭，無咎。」也是這個意思。五是要保持獨立人格，《蠱》卦上九爻辭曰：「不事王侯，高尚其事。」也就是說，寧願不為當權者所用，也要堅持自己認定的志向和行為。

這種品格發展到後來，就是所謂的隱士風範。

在《易傳》中，「君子」一詞凡一〇四見，都是對《易經》君子立身處世原則和品格的積極發揮。《易傳》認為，君子的行為品格，具體來說有以下三個方面的內涵。

在政治上，要做到「勞民勸相」（《井卦・大象傳》），「振民育德」（《蠱卦・大象傳》）。即要為民眾操心勞神，勸勉他們互相幫助，振奮他們的精神，使他們養成良好的道德風尚。要「容民畜眾」（《師卦・大象傳》），「容保民無疆」（《臨卦・大象傳》）。即廣泛地容納、保護、養育民眾，達到無止境的地步。要「明庶政」（《賁卦・大象傳》），「辯上下，定民志」（《履卦・大象傳》）。即文明治理各種政事，區分上下尊卑，完善各種禮樂法度，端正、穩定民眾循禮的志向。人「明慎用刑」（《旅卦・大象傳》），「赦過宥罪」（《解卦・大象傳》）。要「施祿及下」（《夬卦・大象傳》），對下屬人員要有恩惠。要「除戎器，戒不虞」（《萃卦・大象傳》），即要修治兵器，以防不測事變發生。要在成功之時，保持清醒的頭腦，「以思患而豫防之」（《既濟卦・大象傳》），做到「安而不忘危，存而不忘亡，治而不忘亂」，只有這樣，才能夠「身安而國家可保也」（《易傳・繫辭下傳》）。總起來說，君子在政治上，一定要常常居安思危，才能保持長久。

在知識修養上，要做到「知微知彰，知柔知剛」（《易傳・繫辭下傳》）。了解事物的顯著變化，同時了解事物的隱微變化，並透過這些隱微變化，以推知將要發生的顯著變化，從而採取相應的行動。懂得陽剛的功用，同時懂得陰柔的效益以及「剛柔相推」的變化。要「尚消息盈虛」（《剝卦·彖傳》），注意此消彼長、彼亡此生、此盈彼虛的矛盾對立雙方的鬥爭與轉化，因為這是「天行也」，也是自然界運行變化的根本規律。

在道德修養上，要做到「敬以直內，義以方外」（《坤卦·文言傳》），即由道德修養，使內心正直，行為處事得當，符合「義」的原則。要「遏惡揚善」（《大有卦·大象傳》），「裒多益寡」（《謙卦·大象傳》）。「言有物而行有恆」（《家人卦·大象傳》），即言語誠懇務實，行為端正，並且持之以恆。在與人交往的過程中，要「上交不諂，下交不瀆」（《易傳·繫辭下傳》）。與上級交往不阿諛奉承，與下級交往不輕視傲慢，做到「行過乎恭，喪過乎哀，用過乎儉」（《小過卦·大象傳》）。不管行為舉止的恭敬程度，居喪的悲哀程度，還是費用的節儉程度，都要超過一般人，這樣才可以「居賢德善俗」（《漸卦·大象傳》）。就是說，不僅自己可以不斷積累賢德，同時又可以感化他人，起到移風易俗的作用。

要嚴格遵守禮制規範，做到「非禮弗履」（《大壯卦·大象傳》），要「多識前言往行」（《大畜卦·大象傳》），「以虛受人」（《咸卦·大象傳》），做到「見善則遷，有過則改」（《益卦·大象傳》），「自昭明德」（《晉卦·大象傳》）。就是說，要多聞多記前賢的言行，善於學習，虛心接受別人的意見，勇於改過糾偏，從而使得美德得以昭著。

總之，要「學以聚之，問以辯之，寬以居之，仁以行之」（《乾卦・文言傳》），這樣才可以做一個受人愛戴的君子。

可見，《易傳》的君子理想人格是對《易經》的進一步發展，其主要表現在於重點論述了君子的品格內涵。這樣，《易傳》為人們樹立的修養目標，就顯得更明確、更接近實際生活，因而就更易於實現。其關於君子人格的思想，幾千年來，在中國傳統思想中產生了極其深遠的影響，為中國傳統思想人格奠定了基本的範型。

㈡「大君之宜，行中之謂」

君子是與小人相對而言的，其內涵主要有三個方面，一是君子喻於義，小人喻於利；一是君子「先義後利者榮」，小人「先利後義者辱」（《荀子・榮辱》）；一是君子「樂得其道」，小人「樂得其欲」（《荀子・樂論》）。

儒家的理想人格是「君子」。從先秦到宋明，儒家思想是一個漸進、複雜的演進過程。從結構上看，儒家的理想人格直接體現為聖賢。但君子始終是儒家理想人格的核心。就統治階級而言，是以聖王為追求目標和行為典範，其楷模便是堯、舜、禹、湯、文、武、周公。他們都有崇高的德行，能克己復禮，博施濟眾，安邦定國，實現大一統的局面；對一般士大夫而言，是以求賢為目標和行為規範。

從本質和終極目標看，儒家追求的聖賢理想人格，重點在賢而不在聖。因為，在儒家看來，只有聖人才能實現天下一統的大任，拯救萬民於水火。而君子是「不在其位，不謀其政」的。而且聖人的標準是如此之高，不僅孔子自認為達不到，就連堯舜實行起來也有困難。子貢說：「如有博施於民而能濟眾，何如？可謂仁乎？」（《論語・雍也》）孔子說：「何事於仁！必也聖乎！堯舜其猶病諸！」（《論語・雍也》）聖人是「百世之師」（《孟子・盡心下》），高不可攀。因此，士大夫君子們的責任和理想，只是精研六藝，修養品行，以其才德輔佐聖人成其大業。以積極進取的精神實現自己的理想。同時把賢人的作風和功績與聖人的偉業聯繫起來，使自己的人格追求更具道義性和現實感。而無論聖還是賢，都是以主體的道德修養為重心，以修齊治平為修行方法的。

實際上，所謂賢人作風，在儒家經典中，是用「君子」一詞來表述的。君子是有德之人，根據儒家「人皆可以為堯舜」的理論推導，君子人格是人人可以具備的。這種理想就社會理想而言，有所謂「三綱八目」，天下為公的大同世界；從個體理想而言，是所謂的「內聖而外王」、「窮獨與達兼」的統一；從整個世界的和諧發展而言，是所謂「正己正物」與「成己成物」的統一。

這種理想人格由於歷史上儒家在歷史上的獨尊而深深地融入民族精神之中，逐漸轉化成知識分子的普遍人格。如果剔除其封建內容，僅從情操陶冶和人生境界的獨立來看，仍然還具有重要的意義。

道家的思想人格其直接體現是「隱士」，其實質仍然是「君子」。從對原始質樸的人性的崇尚和追求出發，道家對隨著社會文明及其發展進步而出現的爭奪等品行進行了譴責，而對原始人性卻情有獨鍾。主張無為不爭、少私寡欲、絕學棄智，以恢復人性的原始、質樸狀態。因而，其對理想人格的定位在於「法自然」的隱士。具體來說，有以下幾個方面的內涵：

一是不以物累形、返璞歸真，一是無為無不為與不為人先，一是與時遷移和功成身退。事實上，道家也是提倡君子作風的。

《老子》云：「君子居則貴左」，與儒家經典《左傳》中「楚人尚左」的格調相一致。不僅如此，《老子》還說：「兵者不祥之器，非君子之器，不得已而用之。」這裡，從反面、否定的方式表達了他對「君子」之器的肯定。《莊子・在宥》也說，「君子不得已而臨蒞天下，莫若無為」，君子在這裡成了莊子無為而治的政治理想的執行者，是符合其所欣賞的品格的人。此外，還有多處將君子與小人相對，如，「同與禽獸居，族與萬物併，惡乎知君子小人哉」（《莊子・馬蹄》）。可見莊子對君子還是欣賞的。當然，道家所講的君子，在內涵上與儒家有別，但二者都將其作為肯定的、正面的形象，則是可以肯定的。

同時，值得重視的是，無論儒道，無論內聖、外王，抑或修身、養性，中道都是其共同的價值取向。《周易》所體現的是一種崇尚中和的道德價值追求和「保合」

「太和」的理想境界，君子則是其理想人格的體現。所以，君子品行的最高境界也就是亨行中道。

爾後的老子尚陰陽沖和之中道，提倡緣督「守中」；孔子則以中庸為「至德」，提倡「允執厥中」。他對文（文采）與質（質料）關係的論述是「尚中」思想的體現：「質勝文則野，文勝質則史。文質彬彬，然後君子。」（《論語・雍也》）意思是說，在文與質之間，樸質突出則顯粗野，文采偏勝則流於虛浮，只有文質兼顧、調和，才能塑造健全、完滿的君子人格。

《易傳》更是把中和作為天地最完美的德行加以崇尚。中國古代治國者（外王）把萬國咸寧、天下和平作為最高的政治理想，正是這一精神的體現。

由此可見，儒、道儘管在人生哲學上致思模式不同，但在使用「君子」一詞表述各自理想人格方面，卻有著驚人的相似之處。剛健有為的君子，積極主動地參與社會進程；隱世而居的君子，息影山水，潔身自好，進則名於世，退則安貧樂道，是君子人格的一體兩面。君子作為一種傳統理想人格的價值導向，實際上它的模型是多樣的。

也就是說，君子人格在中國文化中具有普遍性，為社會不同層次民眾所廣泛認同。這種人格理想一方面是中國傳統價值取向的一種反映與體現，另一方面，又對中國傳統價值取向和社會心理產生了強大的影響。

君子理想人格是易文化構建出來的，具有一定的現實可能性，正因如此，君子人格成為中華民族前進的動力。易文化傳統對君子理想人格及成人之道的思想，在新的歷史時期歷久而趨新，煥發出新的生命活力。

重視道德修養、注重知識的學習，剛柔相濟、中正不偏的傳統成人之道，也將在新的歷史條件下得到進一步的弘揚。

【註釋】：

❶《蔡元培全集》第四卷第四七四頁，中華書局，一九八四年九月。

❷《魯迅全集》卷六第九十二頁。

第三章　易學與人倫道德

一、概　論

中國的人倫道德思想，源遠流長。據《論語・泰伯》載：

禹，吾無間然矣。菲衣食，而致孝乎鬼神；惡衣服，而致美乎黻冕；卑宮室，而盡力乎溝洫。

在孔子看來，夏禹便具備了三種德行，即敬祀鬼神，恭謹事天，勤勞耕作。又據《呂氏春秋・先己》載：

夏後相（啟）與有扈戰於甘澤而不勝，六卿請復之。夏後相（啟）曰：「不可。吾地不淺，吾民不寡，戰而不勝，是吾德薄而教不善也。」於是乎處不重席，食不貳味，琴瑟不張，鐘鼓不修，子女不飾，親親長長，尊賢使能，期年而有扈氏服。

啟認為德薄是戰敗的原因。德的內容是自家廉潔，尊卑長幼有序，賢能者受到尊重和使用。這就是賦予了德以人倫等級方面的內容。但是，人倫、道德範疇的出現，那是後來戰國時候的事。

如《孟子‧滕文公上》載：「使契為司徒，教以人倫——父子有親，君臣有義，夫婦有別，長幼有序，朋友有信。」又如《禮記‧樂記》說：「樂者，通倫理者也。」「德」字早在甲骨文和金文中都有見。德從直從心。直心為有德，履德為德行；從心之德，則多指人的一種內心修養。

一般說來，凡正直美好的心靈或與之相關的行為，都被視為有德。至於程度，則可用「俊德」、「厚德」、「玄德」等作形容。殷周之際，文獻中較多地見到「明德」、「崇德」、「同德」、「敬德」等提法。如見於《尚書》便有多處。「崇德象賢」（《微子之命》）、「惟德是輔」（《蔡仲之命》）、「同心同德」、「同德度義」（《泰誓》）、「克明德慎罰」（《康誥》）、「明德恤祀」（《多士》）、「王其疾敬德」、「不可不敬德」（《召誥》）、「皇自敬德」（《無逸》）等，並是其義。如果說，原本意義上的「德」，只標示在價值上無規定的意識或某種行為狀態，到了此時，它與孝並稱，與禮對舉，表現了一種鮮明的政治倫理色彩。所謂「德治」、「德政」，也便成為宗法奴隸主貴族政治家所追求的行政目標。這乃是中國宗法奴隸制的必然產物。

溯其源頭，中國的倫理道德思想，同樣醞釀於《周易》之中。其時，殷商統治者耽迷酒色，窮奢極欲，已自陷入覆亡的危機之中。崛起的周部族以其蓬勃的生命力和嶄新的精神風貌，正欲取而代之。以西伯姬昌為代表的周統治集團，在聚積力量的同時，在思想路線方面，在天命論的前提下，強調了倫理思想的教化作用。他們不僅倡導「孝」、「友」、「恭」、「信」、「惠」等宗法道德規範，而且主張「修德致命」、「敬德保民」。提出了一個道德與宗教、政治融為一體的思想體系。並用這種思想去解釋周革殷命、順天應人的合理性。

殷王「惟不敬厥德，乃早附厥命」（《尚書・召誥》）；而「丕顯考文王克明德……聞於上帝，帝休。天乃大命文王，殪戎殷，誕受厥命，越（與）厥邦厥民」（《尚書・康誥》）。雖然同是天之元子，但紂王不德，所以失去了江山、性命、而偉大的文王虔誠敬德，上帝知道了很高興，授權他用武力剿滅殷紂，取而代之。可見「皇天無親，惟德是輔」（《左傳・僖公五年》）。以「敬德」與否作為王朝陵替的理論依據，表明中國倫理思想開始了它的產生與發展的歷程。

必須指出的是，反映我國人倫道德思想最原始的典籍是《周易古經》，故可以說：《周易》是我國傳統倫理思想的淵源。《周易》的卦爻辭是那些執掌卜筮的有經驗的神職人員從眾多有效驗的筮案中選擇的，包含有天象、人事，諸如民俗、婚姻、戀愛、戰伐、農事、祭祀、商旅、獄訟等複雜內容，蘊涵了豐富的德育思想。

《周易》直接言「德」的地方有五處：

食舊德，貞厲，終吉。或從王事，無成。（《易經・訟卦》）（享受先王昔日的恩德，不是好事，但仍可獲得吉祥。如果以此干政，則不會成功。）

既雨既處，尚德載。婦貞厲。月幾望，君子徵，凶。（《易經・小畜卦》）（此爻續上六五爻之義。謂靠劫掠鄰人的牲畜致富，車載歸途中遇到斷續的雨阻遏，說明老天尚德義之載，反對不義之財，故使其陷入泥濘，看不見將出現的圓月，這對婦孺和君子都是凶兆。）

不恆其德，或承之羞，貞吝。（《易經・恆卦》）（不能持久堅持德行的人，可能承受羞恥，卜問的預兆是不好的。）

恆其德，貞；婦人吉，夫子凶。（同上）（常保柔順美德，貞問的預兆是婦女得吉，男人得凶。）

有孚惠心，勿問。元吉。有孚惠我德。（《易經・益卦》）（誠懇地懷著恩惠之心，不必貞問就知有大吉祥。那是誠懇地感我以恩德呵！）

內中的「德」，可作恩德、道德、德行解，都是指一種思想意識和行為規範。至於「尚德」「恆德」「惠德」，更是強調了道德修養及其重要性的一面。這裡也流露出了西周時期的天命意識。如「尚德載」句，是說：大車所載的牲畜等財物，是以不道德手段獲得的，所以阻於雨中泥途。月將圓而不得顯，表明老天爺尚德的品格。

《周易》除了直接言德之外，內中還有許多卦是強調德育的。既然西周以來統治階級的意識形態是「以德配天」的思想為主導，所以在卜筮活動中必然要予以貫徹，遵循它才可能趨福遠害。例如《周易》之「乾」卦所強調的「朝乾夕惕」、陽剛進取之德；「坤」卦所強調的「含章可貞」、陰柔順從之德；「謙」卦所強調的「不富以其鄰」的「謙謙君子」之德；「蠱」卦所強調的「不事王侯，高尚其事」之德；「節」卦所強調的「安節」、「甘節」的節儉之德；「中孚」卦所強調的鳴鶴相和的團結中和之德等等，都被當作高尚的德行而加以提倡。

反之，有些行為，則被《周易》所否定。如「旅」卦之「喪牛於易」，實自取其災；如「困」卦之「困於酒食」、「全車」、「蒺藜」、「株木」，都是掠奪所致；「小畜」卦之「富以其鄰」等，都被當作不道德的行為而加以批評，有的即便能成功，有結果，也被認為是不可取的。

二、立人之道，曰仁與義

㈠《易傳》三才之道與仁義

《易傳》在闡發《易經》的人倫道德思想時，認為《易經》「範圍天地之化而不過，曲成萬物而不遺」（《繫辭上傳》），包羅萬有。進而將天地間的萬事萬物歸納為天、地、人三才之道。如說：

《易》之為書也，廣大悉備。有天道焉，有人道焉，有地道焉。（《易傳．繫辭下傳》）

昔者，聖人之作《易》也，將以順性命之理，是以立天之道，曰陰與陽；立地之道，曰柔與剛；立人之道，曰仁與義。兼三才而兩之，故《易》六畫而成卦。（《易傳．說卦傳》）

也就是說，卦象之六爻，上下各二爻分別指代天和地，中二爻則指代人。「兼三才而兩之」，是斷卦識別爻位的一種方法。實際上，《易傳》只是強調了天道與人道的對立和統一。所謂「地道」往往因天地並連而被包容在天道之中。如《頤卦．彖傳》說：「天地養萬物，聖人養賢以及萬民。」《文言傳》說：「夫大人者，與天地合其德。」「天地變化，草木蕃。天地閉，賢人隱。」《豫卦．彖傳》：「天地以順動，故日月不過，而四時不忒；聖人以順動，則刑罰清而民服。」等等。這些都是將天地之道與人道當作對立統一的例子。

如前所述，《周易》包含了天人合德的思想。所謂「天道」，本質上是指天地自然變化發展之規律性；人道則應指人類的生存發展的規律性。《易傳》的作者稱天道是陰陽、剛柔所體現的，並賦予了天道以道德等義理屬性，天道或又稱為天命。而認為人道是由仁、義所體現的，稱為人性。人道與天道的關係便轉化為人性與天命的關係。故《易傳．說卦傳》說聖人作易的目的在於順性命之理。這個「理」就是在天為「命」，在人為「性」。人之性由天之所命，故又稱為「天性」。而人道也即天之所以在人者。在《易傳》看來，天道剛柔相濟，陰陽和合，因而是至善盡美的，人既與天合德，則人道應該表現為仁與義等道德屬性，換言之人性即是仁義。

仁義是中國人文精神的一對重要范疇。其在殷周之際，「仁」與「義」是以單一概念出現的，甲骨文、金文均如此。這是一個內涵十分豐富的範疇。《說文》：「仁，親也，從人二。」《爾雅．釋沽一》：「仁，有也。」王念孫疏證：古者謂相親為有……有猶友也。對於「仁」字的注解，古來很多，不勝枚舉。從會意的角度講，二人相偶，或相偶於心，應具有人與人之間相互尊重親善友愛的關係，表明了人的一種德性，故仁的本義可理解為一種基本的道德範疇。人際之間的關係是多元複雜的，能相偶共處，沒有相互看重和親近的德行，是不可能的。發展到後來，「仁」的內涵更擴展到「仁者愛類」（《淮南子．主術訓》）「愛人利物」（《莊子．天地》），更顯出其倫理道德的意蘊。

「義」亦是一個內涵豐富的範疇。《說文》：「義，己之威儀也。從我從羊。」段玉裁注：「威儀出於己，故從我，董子曰：仁者人也，義者我也。謂仁必及人，義必由中斷制也。從羊者，與善、美同意。從會意的角度講，甲骨或金文字形為人戴羊冠手持戈矛，為全副武裝的威嚴形象，所謂「皇考威儀，克於天子」（《周虢卡

（叔）旅鐘鐘銘》），蓋義為古代武士的儀範，故又釋為禮儀、容止或法度。

《周禮・春官・肆師》：「凡國之大事，治其禮儀。」鄭玄注：「鄭司農（眾）云：古者儀但為義，今時所謂義者為誼。」誼有人際禮儀交往相得其宜的意思，故又訓作適宜。事行其宜謂之義。

韓愈說：「博愛之謂仁，行而宜之之謂義，由是而之焉之謂道。」（《原道》）是說內中相互敬愛，用最恰當的行為表達出來，就是仁義。其言行合乎仁義，便是盡其人道。又，《禮記・喪服四制》謂：思者，仁也；理者，義也；節者，禮也；權者，知也。仁、義、禮、知，人道俱矣。《漢書・天文志》謂：「仁、義、禮、知，以信為主。」這是以「五常」為人道。

據張立文《中國哲學範疇發展史》（天道篇）考，仁與義對舉，最先見於《左傳》。如：

君子曰：「酒以成禮，不繼以淫，義也；以君成禮，弗納於淫，仁也。」（《莊公二十二年》）

這段話的背景是：陳國大夫敬仲因國人暴動逃亡齊國庇身。為了答謝，於是宴請齊桓公。桓公酒興正濃，天晚了還要敬仲掌燈續飲，敬仲惟恐桓公酒醉，不敢奉命。作者評論說：請酒用來完成禮儀，但要控制其度，這是義；由於完成了禮儀，又未使桓公醉，這是仁。外在的禮儀準則與內在的仁愛之心適相一致。又如：

夫樂以安德，義以處之，禮以行之，信以守之，仁以厲之，而後可以殿邦國，同福祿，來遠人，所謂樂也。（《襄公十一年》）

用音樂來鞏固德行，用道義來對待，用禮儀去推行，用信用來守護，用仁愛去勉勵，然後鎮撫邦國，同享福祿，召來遠方之民，這才是真正的快樂呵。以禮樂仁義信為五種德目，也是一種對舉形式。此外，《國語》亦屢見仁與義對舉之例。如：

禮所以觀忠信仁義也。忠所以分也，仁所以行也，信所以採也，義所以節也。忠分則均，仁行則報，信守則固，義節則度……施三服義仁也（《國語・周語上》）。

這是說，忠、信、仁、義，須以禮來節宣和衡量。忠正而心不偏，仁行而有思，信守而貞固，義節而有度，具備這四種德行便符合禮，也便能治國安邦。

在先秦，道德與仁義有著層次上的區別。一般以為仁、義、禮、智、信等五常都是德的節目。這個觀點也見於道家。道家老子「尊道而貴德」，認為道德失落方有仁義，而禮則是道德的一種表現形式。所謂「大道廢，有仁義；六親不和有孝慈」。「夫禮者，忠信之薄而亂之首也。」（《道德經》）因而對禮樂仁義採取一種排斥態度。

道家莊子則更有甚之。他認為仁義與道德是對立的。他說：「屈折禮樂，喻仁義，以慰天下之心者，此失其常然也。」「有虞氏招仁義以撓天下也，天下莫不奔於仁義，是非以仁義易其性歟？」（《莊子・胠篋》）從而使天下回歸到他所理想的道德界。莊子的這種觀點，又被黃老道家的代表文子所否定。《文子》中說：

道者，物之所道也；德者，生之所扶也；仁者，積恩之證也；義者，比於心而合於眾適者也。道滅而德興，德衰而仁義生，故上世道而不德，中世守德而不壞，下世繩繩惟恐失仁義。（《微明》）

古之為君者，深行之謂之道德，淺行之謂之仁義，薄行之謂之禮智。此六者，國之綱維也……古者修道德即正天下，修仁義即正一國，修禮智即正一鄉。德厚者大，德薄者小。（同上）

循性而行謂之道，得其天性謂之德，性失然後貴仁義，仁義立而道德廢。（《上禮》）

閉九竅，藏志意，棄聰明，反無識，芒然仿佯乎塵垢之外，逍遙乎無事之際，含陰吐陽而與萬物同和者，德也。是故道散而為德，德溢而為仁義，仁義立而道德廢矣。（《精誠》）

所謂「德衰而仁義生」，「深行之」、「淺行之」、「薄行之」、「正天下」、「正一國」、「正一鄉」，「性失然後貴仁義」，「德溢而為仁義」，這便又回到老子那兒去了。

自《易經》至於《易傳》，大約八九百年間，真正將仁、義統一於道德之中，從而建立一種以仁義為核心，以禮為形式的人倫道德思想體系的，是儒家。儒學自身的發展，在先秦經歷了一個由孔子儒學到思孟儒學再到荀子儒學的肯定、否定與否定之否定的發展過程。其倫理思想的發展也體現了這一特色。

㈡孔子以仁爲本的人道觀

孔子「述而不作」。《論語》二十篇言仁有五十八章，凡一〇九見；言義十九處，凡二十四見。「仁」既是孔子政治思想的核心，更是孔子人倫道德思想的核心，這二者在孔子那裡是統一的。直可以說，孔子的思想體系，就是仁學體系。孔子的仁學是對殷周以來仁德思想的繼承與發展，是易文化發展史上的一個重要環節。

孔子的仁學思想，大約可以分成五個層面：

其一，關於「仁」的本質。

樊遲問仁，子曰：「愛人。」

有子曰：「其為人也孝弟，而好犯上者，鮮矣；不好犯上，而好作亂者，未之有也。君子務本，本立而道生。孝弟也者，其為仁之本與！」（《學而》）

子貢曰：「如有博施於民而能濟眾，何如？可謂仁乎？」子曰：「何事於仁！必也聖乎！」（《雍也》）

「仁」的本質就是愛人。「不犯上」就是尊君父；「孝弟」就是孝親友弟；「博施」「濟眾」，就是周濟民眾。這些都是愛人的具體表現。

其二，關於「仁」的道德規範。

仲弓問仁。子曰：「出門如見大賓，使民如承大祭。己所不欲，勿施於人。在邦無怨，在家無怨。」（《顏淵》）

樊遲問仁。子曰：「居處恭，執事敬，與人忠，雖之夷狄，不可棄也。」（《子路》）

子張問仁於孔子。孔子曰：「能行五者於天下，為仁矣。」請問之，曰：「恭、寬、信、敏、惠。」（《陽貨》）

志士仁人，無求生以害仁，有殺身以成仁。（《衛靈公》）

司馬牛問仁。子曰：「仁者，其言也訒」。（《顏淵》）

子曰：「剛毅木訥，近仁。」（《子路》）

「仁者必有勇，勇者不必有仁。」（《憲問》）

夫仁者，己欲立而立人，己欲達而達人。（《雍也》）

子曰：「唯仁者能好人，能惡人。」（《里仁》）

子曰：「巧言令色，鮮矣仁！」（《學而》）

「仁」的內容是多方面的。於己、於人、在家、在邦、出門、使民，居處、執事，都有要求。仁之目亦是多元的：勇、恭、寬、信、惠、敏、剛、毅、木、訥、訒，愛憎分明，敢於犧牲、不巧言令色等都是。

其三，為仁之方。

子曰：「苟志於仁矣，無惡也。」（《里仁》）

仁者安仁，知者利仁。（同上）

君子無終食之間違仁，造次必於是，顛沛必於是。（同上）

觀過，斯知仁矣。（同上）

仁以為己任，不亦重乎？死而後已，不亦遠乎？（《泰伯》）

微子去之，箕子為之奴，比干諫而死。孔子曰：「殷有三仁焉！」（《微子》）

能近取譬，可謂仁之方也已。（《雍也》）

知仁還必須為仁，施行仁的方法很多。一是不作惡事，隨時隨地，在任何情況下都要堅持仁的規範，不可以違背它。二是要安於仁，全心全意去實行仁。三是要善於理解別人，要設身處地，推己及人，還要善於從別人的過失中吸取教訓，從反面去體會仁。四是要敢於以仁為己任，與不仁作鬥爭，不怕摘掉官職，不怕受到處罰，不怕被殺，這才是仁的價值的體現。

其四，為仁由己。

子曰：「仁遠乎哉？我欲仁，斯仁至矣。」（《述而》）

譬如為山，未成一簣，止，吾止也。譬如平地，雖覆一簣，進，吾往也。（《子罕》）

有能一日用其力於仁矣乎？我未見力不足者。（《里仁》）

為仁由己，而由人乎哉？（《顏淵》）

這是勉勵人應有充分的自信心，相信人的主觀能動作用，譬為山、平地，全在於自己的意願，自己要成為仁者，就可以做到，完全是自己的信心與毅力。

其五，仁為終極關懷。

顏淵問仁。子曰：「克己復禮為仁。一日克己復禮，天下歸仁焉。」……請問其目。子曰：「非禮勿視，非禮勿聽，非禮勿言，非禮勿動。」（《顏淵》）

子曰：「民之於仁也，甚於水火。」（《衛靈公》）

子曰：「苟有用我者，期月而已可也，三年有成。」子曰：「善人為邦百年，亦可以勝殘去殺矣……」子曰：「如有王者，必世而後仁。」（《子路》）

如有用我者，吾其為東周乎？（《陽貨》）

處在「禮崩樂壞」的春秋亂世，孔子企望變齊魯而至於道，使天下歸於仁，由亂達於治。他認為，仁治社會，對於老百姓，比需要水和火還重要。他的對策是克己復禮，禁止違背周禮的一切視、聽、言、動，限制統治者們膨脹的物欲，以調和社會矛盾，緩解危機；甚至希望能走上政壇，一展為政的本領。

他的立場自然不可能是正確的，但他「以仁為己任」的政治抱負和社會責任感，則表現了一個特定時代的知識分子的人格理想追求。

如果說「仁」是孔子的最高道德理想，那麼，「義」便是實現的道德原則。如他說：

君子義以為質，禮以行之，孫以出之，信以成之。君子哉！（《衛靈公》）

君子義以為上，君子有勇而無義為亂，小人有勇而無義為盜。（《陽貨》）

這是說，君子以「義」為根本，把義當作最高尚的品德。它靠禮儀去推行，靠謙遜的語言去表達，靠誠信去成就。他主張「質直而好義」（《顏淵》），「見得思義」（《季氏》），「見利思義」，「義然後取」（《憲問》）。他批評「見義不為」（《為政》），「聞義不能從」（《述而》）等自私和保守行為，坦言「不義而富且貴，於我如浮云」（《述而》）。「義」實際上成了「仁」的一個德目，二者相互滲透和補充。

孔子賦予「仁」與「義」這對範疇的意義，至戰國前期的思孟學派，得到了新的發展。戰國初期，奴隸制的禮崩樂壞己演變為諸侯爭霸的兼併戰爭。合縱連橫，形勢萬變，養士之風，由於諸侯上卿的政治需要大行於世，「義」範疇大有取代「禮」範疇的趨勢，「仁」範疇的內涵也較前豐富起來。這是社會經濟政治發生變化的必然反映。

㈢孟子仁、義統一的人道觀

與思孟學派稍早，背孔子周道而崇夏政的墨家學派稱顯於時。以墨翟為代表的墨學，反映了當時廣大自食其力的平民和庶士階層的利益。墨學崇仁尚義，但其內涵卻有了新的發展。比如孔子提出「仁者愛人」，但是「親親有術」，愛有差等。

墨子則提出「兼相愛，交相利」，認為愛人既不是為一己之私利而獨知愛己，也不是單純道德上的要求施人以愛，而是視人若己，彼此平等相愛均沾愛利。「雖有周親，不若仁人」（《兼愛中》），仁人不分高低、親疏貴賤，「兼即仁矣，義矣」（《兼愛下》）。

此外，墨子提出了貴義尚利的功利主義道德觀。墨子說：「萬事莫貴於義」（《貴利》），義被當作最高的價值標準。「天下有義則生，無義則死；有義則富，無義則窮，有義則治，無義則亂。」（《天志上》）生死、治亂、貧富等一切取決於「義」。「義」為何物？就是「善政」、「正」、「愛人利人」。墨子說：「義自天出」（同上），它可以富國家，美人民，治刑政，安社稷，故超過了和氏之璧，隋侯之珠，三棘六異（九鼎），為「天下之良寶」。（《耕柱》）在墨子這裡，除了單獨強調「義」以外，其餘都是仁義並舉，以二者為同一義項，這為思孟學派發展孔子的仁學提供了思想資料。

思孟學派仁義學說的一個重要特點，是將孔子的仁學從安仁、求仁、欲仁、為仁、興仁、問仁、成仁、行義、好義等道德行為規範的層面，轉變為心性的層面，從而從本質內容上把儒家學說向著形而上學方面提高到一個新的水準，使仁義學說具有思辨的意蘊。思孟學派言氣，言天人之道，言性等等，這與當時「盈天下」的老、莊、楊朱、墨翟顯學是分不開的。

思孟不僅仁義對舉，而且有時並舉，同時又將兩者區別對待。《孟子》七篇，言仁七十二條，言仁義二十二條，言仁、禮、智五條，言義四十五條，言義與利五條。《中庸》一篇，言仁六條，言義一條。

首先，孟子明確提出了「人倫」範疇，論證了人道即是仁義之道、人之倫理，為中國的倫理哲學提供了理論前提。《孟子》說：

> 人之有道也，飽食暖衣，逸居而無教，則近於禽獸。聖人有憂之，使契為司徒，教以人倫：父子有親，君臣有義，夫婦有別，長幼有敘（序），朋友有信。（《滕文公上》）

「人倫」，及同類之次序，或指人類之間的親疏關係之理，這是與禽獸相區別的基本特徵，要不出於父子、君臣、夫婦、長幼、朋友之理。《中庸》以此為「天下之達道」。它體現了封建的宗法等級關係。孟子以為，五者之中，以父子、君臣關係最基本，「內則父子，外在君臣，人之大倫也」（《公孫丑下》）。

由此進一步提出了以仁、義為根本，輔以禮、智的倫理說教：「仁之實，事親是也；義之實，從兄是也；智之實，知斯二者弗去是也；禮之實，節文斯二者是也」（《離婁上》）。仁、義實際上被認定為處理倫理關係的準則。「舜明於庶物，察於人倫，由仁義行，非行仁義也」（《離婁下》），就是這個意思。何謂仁、義？《孟子》說：親親，仁也，敬長，義也（《盡心上》）。「親親」就是尊親、愛親、事親。「孝子之至，莫大乎尊親」（《萬章上》），「事親為大」（《離婁上》）。這實際上是闡明仁以孝為本。「敬長」就是尊敬長者，有尊君之義，有從兄之義，故義實際上是處理尊卑、長幼關係的道德準則。

其次，孟子提出仁、義、禮、智根於心的命題，將人倫道德昇華為以仁義為基礎的倫理哲學。《孟子》說：

> 人皆有所不忍，達之於其所忍，仁也；人皆有所不為，達之於其所為，義也。人能充無害人之心，而仁不可勝用也；人能充無穿殺之心，而義不可勝用也。（《盡心下》）

人都有不忍心做的事，將它貫徹到所忍心做的事上，就是「仁」，人都有不願做的事，將它貫徹到所願意做的事上，就是「義」。可見仁與義又是人人都具有的道德心理和要求。「仁」為「惻隱之心」、「不忍人之心」；「義」則是由恥己之不善、憎人之不善而摒不善「羞惡之心」。孟子說：

仁、義、禮、智，非由外爍我也，我固有之也，弗思耳矣。（《告子上》）

仁義禮智根於心。（《盡心上》）

「仁」之端是「惻隱之心」，「義」之端是「羞惡之心」，「禮」之端是「辭讓之心」，「智」之端是「是非之心」。四者都是人固有的善端，是與生俱來的良知、良能。這實際上是一種天賦道德論。

其三，孟子提出了「仁」、「義」統一論，既發展了孔子的仁義學說，也形成了我國獨具特色的仁義倫理學說。孟子說：

仁，人之安宅也；義，人之正路也。曠安宅而弗居，捨正路而弗不由，哀哉！（《離婁上》）

仁，人心也；義，人路也。捨其路而弗由，放其心而不知求，哀哉！（《告子上》）

這就是說，「仁」是指人的本然之心，如同最安適的住宅；而「義」則是人當走的正道。放其心曠安宅而不居，明知正道而不循，豈不可悲！所以他進而提出：

居惡在？仁是也；路惡在？義是也。居仁由義，大人之事備矣。（《盡心上》）

安於仁，行其義，使內在的道德修養與外在的道德行為相呼應，達到仁與義的統一，這便是君子的理想境界。所以，孟子說：「仁也者，人也。合而言之，道也。」

（《盡心下》）

在孟子這裡，人的本性就是仁，或者反過來，仁的本質就是人。人對仁的完美體現就是盡人道。要實現這種理想人格，對內要加強仁的道德修養，「存心、養性」，「反身內省」，「求放心」，「去利懷義」；對外則要「親賢之務」，「親親而仁民，仁民而愛物」。（《盡心上》）對統治者而言，則要「制民急之產」，「施仁政於民」，「省刑罰」，「薄稅斂」，「謹序之教」（《梁惠王上》），推行人道。他把這種仁義實踐，稱作「尊德樂道」他說：

尊德樂義，則可以囂囂矣。故士窮不失義，達不離道。窮不失義，故士得己焉；達不離道，故民不失望焉。古之人，得志，澤加於民；不得志，修身見於世。窮則獨善其身，達則兼濟天下。（《盡心上》）

天下有道，以道殉身；天下無道，以身殉道。未聞以道殉乎人者也。（《盡心上》）

就人對於道來講，窮窘不得志時，修身以循義；得志亨達時，循道以濟世。就道之於人來說，天下有道時，要使道義在自己身上體現出來；天下無道時，則不惜以自己的身體性命獻身於道義，而不是相反。孟子說：「生，亦我所欲也，義，亦我所欲也；二者不可得兼，捨生而取義者也。」（《告子上》）這種為道義原則而獻身的精神，乃是中國人文精神驕傲之處。

隨著時代和社會的進步變遷，道義的內容發生過本質的變化，但它的精神和原則卻塑造了一代又一代人格楷模，成為後人景仰、效法的榜樣。

四 荀況仁、義、禮統一的人道觀

戰國後期，諸侯割據爭霸已經發展為趨於一統的局面。各諸侯國封建改革逐漸完成，新的意識形態也正處於確立過程之中。人道觀念隨著新的社會形態的出現也發生著變化。荀子儒學以其對孔孟儒學的否定之否定形態，發展了孔孟的仁義學說。

儒家的人道學說，在孔子那裡還只是發生階段。孔子的仁學，實際上是易文化中關於人倫道德這一人文精神形成和發展的第一環節。

孔子的思想，如前所述，以「仁」為核心，以「禮」為形式，仁裡禮表的思維結構。至於「義」，則是「仁」的一個內容，猶如節目之於綱要。

到了思孟學派，「義」被提到了與「仁」並舉的地位，「居仁由義」便是人道之極，「禮」在某種意義上被忽視了。至於荀子儒學，由於取得政權的新興地主階級（其成分也包括由奴隸主貴族轉化而來者）鞏固統治秩序的需要，「禮」被提到了凌駕於「仁」、「義」之上的高度。仁義非「禮」不成，「禮」成了衡量仁義的惟一標準。

1. 「隆禮貴義」。《荀子》一書，「禮」凡三百餘見。何謂禮？《荀子》說：

禮有三本：天地者，生之本也；先祖者，類之本也；君師者，治之本也。無天地，惡生？無先祖，惡出？無君師，惡治？三者偏亡焉，無安人。故禮，上事天，下事地，尊先祖而隆君師，是禮之三本也。（《禮論》）

禮者，貴賤有等，長幼有差，貧富輕重皆有稱者也。（《富國》）

禮者，治辨之極也，強固之本也，威行之道也，功名之總也。（《議兵》）

禮者，人主之所以為群臣寸尺尋丈檢式也，人倫盡矣。（《儒效》）

故繩者，直之至；衡者，平之至；規矩者，方圓之至；禮者，人道之極也……禮者，以財物為用，以貴賤為文，以多少為異，以隆殺為要。（《禮論》）

禮者，斷長續短，損有餘，益不足，達愛敬之文，而滋成行義之美者也。（《禮論》）

禮以順人心為本，故亡於《禮經》而順人心者，皆禮也……禮者，政之輓也。為政不以禮，政不行矣。（《大略》）

綜上所引，可知荀子認為，「禮」的本質是敬事天地、先祖和君師，區分貴賤、長幼、貧富，判斷規矩、方圓、平正和是非、曲直、善惡的根本標準，是新興地主階級政權的等級制度、道德規範和禮節儀式。故他稱「禮」是「道德之極」，「人道之極」。

荀子認為，禮起源於人之有欲，欲而不得則爭，爭則亂。故先王「制禮義以分

之，以養人之欲，給人之求。使欲心不窮乎物，物必不屈於欲，兩者相持而長。」（《禮論》）

所以，「禮」的作用就在於辨貧富、貴賤，治生死、吉凶，養欲、別異、定倫。荀子說：「國無禮則不正。禮之所以正國也，譬之猶衡之於輕重也，猶繩墨之於曲直也，猶規矩之於方圓也，既錯之而人莫之能誣也。」（《王霸》）「人無禮則不生，事無禮則不成，國家無禮則不寧。」（《修身》）

在《荀子》中與「禮」並舉的是「義」。《荀子》言「義」亦有三百餘見。其中禮義並提的有一百餘處，這說明荀子對「義」的重視。荀子說：

> 夫義者，內節於人而外節於萬物者也，上安於主而下調於民者也。內外上下節者，義之情也。（《強國》）
>
> 貴貴、尊尊、賢賢、老老、長長，義之倫也。（《大略》）

這是說，「義」是節制人的欲望，使人遵循上下、尊卑秩序，不為權利左右的協調人際關係的道德行為準則，是「禮」的行為體現。「凡言不合先王，不順禮義，謂之奸言。」（《非相》）所以「禮義者，治之始也。」（《王制》）「隆禮貴義者，其國治，簡禮賤義者，其國亂。」（《議兵》）

2.「以義制利」。在「義」與「利」的關係問題上，荀子提出貴義賤利的原則。他說：

> 義與利者，人之所兩有也。雖堯舜不能去民之欲利，然而能使其欲利不克其好義也。雖桀紂亦不能去民之好義，然而能使其好義不勝其欲利也。故義勝利者為治世，利克義者為亂世。（《大略》）

以義與利相勝作為治世和亂世的道德判斷標準，既與極端的功利主義和縱欲主義劃清了界限，同時又否定了絕對的禁欲主義，由導欲於義，使二者協調一致。

荀子以義制利思想的理論前提是「人性惡論」。他說：「性者，天之就也；情者，性之質也；欲者，情之應也。」（《正名》）故求利的欲望是性情之必然。而且人的欲望無所止境，社會財富又有限，這就需要有一種調節機制，這便是禮義。他認為，人之所以為人，在於人「有義」，正因為如此，他提出了「以義制利」的主張。他說：「不能以義制利，不能以偽飾性，則兼以為民。」（《正論》）而「保利棄義，謂之至賤。」（《修身》）荀子謂之「義」，即禮義、公義、公道，而利則是私欲、私事。

以義制利，即是「公義勝私欲」。（《修身》）這種主張儘管在當時不能實現，但它的合理內涵卻成為我們今天人文精神的一個積極內容。

3. 禮統仁義。

荀子亦尚仁，《荀子》中涉及「仁」凡百餘見，其中「仁義」並提亦有三十餘處。荀子所謂「仁」，是指地主階級的道德觀念，其內容除了愛人、敬人而外，還指尚賢使能和維護封建等級名分等行為規範。如他說：

尚賢使能，等貴賤，分親疏，序長幼，此先王之道也……仁者，仁此者也。（《君子》）

貴賢，仁也；賤不肖，亦仁也。（《非十二子》）

以貴賢、賤不肖為仁，這是對孔孟仁學的發展。荀子認為，仁義的作用是「所以修政」，故「仁義德行，常安之術也。」（《榮辱》）但是，「仁」、「義」必須統一於「禮」。他說：

親親、故故、庸庸、勞勞，仁之殺也。貴貴、尊尊、賢賢、老老、長長，義之倫也。行之得其節，禮之序也。仁，愛也，故親；義，理也，故行；禮，節也，故成。仁有里，義有門。仁，非其里而虛之，非仁也；義，非其門而由之，非義也……君子處仁以義，然後仁也；行義以禮，然後義也；制禮反本成末；然後禮也。三者皆通，然後道也。

所謂「仁之殺」，是說親其親，故其故，按功論功，按勞論勞，是為仁之等級次序。所謂「義之倫」，是說貴者貴，尊者尊，賢者賢，老者老，長者長是義之理。所謂「禮之序」，行義適宜便是禮所要求的次序。「里」與「門」均指「禮」，「仁」和「義」都要順從「禮」，用「義」來處理「仁」的感情，方可謂「仁」；用「禮」來制約「義」的行為，方可謂「義」。必須根據「反本成末」（即依據固定的名分而確定儀式）的原則制定「禮」。這就形成了禮以制義，義以歸仁，禮為仁義諸德之綱的體系。

從這個意義上說，荀子是先秦儒家思想發展的否定之否定環節。

㈤黃老新道家「治之本，仁義也」

與荀子約略同時的《易傳》，較之儒家以禮統仁義的社會倫理模式，更具特色。在儒家荀子那裡，仁義是禮的內容，禮則是靠仁義體現其價值的。而「禮義者，是生於聖人之偽，非故生於人之性也。」（《性惡》）即是認為，道德行為是後天聖賢用來矯正人的本性的。

那麼《易傳》則把這個倫理模式融入了宇宙體系，即把人倫秩序作為宇宙的有機構成，提出了以天地之陰陽、剛柔之道統一仁義之人道的思想。天地陰陽全錯，化生萬物，而後有男女，有夫婦，有父子，有君臣、上下。君臣立而制禮義，使治國有所措。在自然界是「天尊地卑，乾坤定矣」（《易傳・繫辭上傳》），乾為父，坤為母。故在人類社會便是君尊臣卑、男尊女卑，「貴賤位矣」。這樣，宇宙的秩序與人類社會的倫理秩序統一起來了。這就是古者聖王「立人之道曰仁與義」的理論依據，從根本上回答了禮與仁義的形上原因。

《易傳》的這種宇宙倫理生成模式，很顯然是吸取了道家關於道外化為混沌，以生陰陽，沖氣以為三，進而生萬物的宇宙萬物生成論而形成的。《周易》由「經」到「傳」發展而成的儒家易學，其著眼點就在於人的仁義之道上。

秦亡而後，漢代統治集團總結秦之速亡教訓，取黃老之治道，雜以儒術，與民休息。黃老新道家亦倡仁義之說。如《文子》十二篇，論及仁義者九篇。其中三篇更以《上仁》、《上義》、《尚禮》標題。《文子》說：

> 修其德則下從令，修其仁則下不爭，修其義則下平正，修其禮則下尊敬，四者既修，國家安寧。故生物者道也，長者德也，愛者仁也，正者義也。敬者禮也……故德者，民之所貴也；仁者民之所懷也，義者，民之所畏也，禮者，民之所敬也，此四者，文之順也，聖人之所以御萬物也。君子無德則下怨，無仁則下爭，無義則下暴，無禮則下亂；四經不立，謂之無道。無道不亡者，未之有也。（《道德》）

文子是把德、仁、義、禮作為治理國家的有力武器，當作「四經」，沒有它，就會亡國失江山。而「治之本，仁義也」（《上義》）。仁義更視為「天下之尊爵」（《微明》），即三代而後最高的道德規範。非但文子如此，其他如《呂氏春秋》、《淮南鴻烈》以及陸賈、賈誼、晁錯等人著作中，亦屢見強調仁義的論述。

武帝時，董仲舒倡「獨尊儒術」，此所謂「儒術」實際上是指以仁義為核心的儒家名教倫理學說。董仲舒在弘揚「儒術」方面，主要是將《易傳》所建立的宇宙倫理模式向著神學的方向推進了一步，提出了「天人合類」和「道之大原」的思想。他把君臣、父子、夫婦的人倫關係歸納為「三綱」，即君為臣綱，父為子綱，夫為妻綱；又把仁、義、禮、智、信道德規範歸納為「五常之道」，後者服務於前者。又進一步把自然之天人格義理化，再賦予人格之天以淩駕天下萬物、無所不能的神格，從而證明綱常倫理的權威性和合理性。

他說：「道之大原出於天」（《舉賢良對策》）；「王道之三綱，可求於天」（《春秋繁露・基義》）；「天道之大者在陰陽」（《對策》）。「君臣、父子、夫婦之義，皆取諸陰陽之道」（《基義》），「察於天之意，無窮極之仁也。人之受命於天也，取仁於天而仁也」（《王道三通》）。「天志仁，其道義也。為人主者予奪生殺，各當其義」（《天地陰陽》）。「是故人仁義制度之數，盡取之天」（《基義》）。

董仲舒的這一套天命神學的綱常倫理說教，確立了此後整個封建社會倫理的基本精神，從而也為人們確立了立身、事功、待人、處世的基本道德原則。隨著歷史的推移和封建經濟的發展。這種精神和原則的基本內容，日漸發展，變換為理學、心學等形式，成為禁錮人們思想的精神枷鎖；其合理內核，則被進步思想家和改革家批判改造和繼承，與時俱進，成為我國優秀的人文精神的重要內容之一。

三、自昭明德，恐懼修身

《周易》所立之人道，除了對人提出恪守仁與義的道德要求外，還在人特別是人君、君子人的道德修養方面提出了具體的要求。這些要求可以分為兩類：一為強調道德修養的重要性（將在下節集中論述），一為道德修養的一些具體德目。

這些德目，較集中地見於《易傳・象傳》之「大象」（即《周易》之《象傳》），集中涉及對人君的具體要求，數量達到三十八條之多，應該說，這是《易傳・象傳》作者憂患意識的又一集中體現。

(一)自昭明德

《易經・晉卦》之「大象」說：「明出地上，晉。君子以自昭明德。」按「晉」（䷢）上「離」（☲）下「坤」（☷），「離」為麗日，「坤」為地，有如旭日東升之象。觀此象，人君應如旭日顯揚自己的美德於天下。類此還有「離」（䷝）之「大象」：「明兩作，離。大人以繼明照於四方。」

如何施德行於天下，《易傳・象傳》作者提出了如下一些方面：

其一是「財成天地之道，輔相天地之宜，以左右民」（《泰卦・大象傳》）。

「財」即「裁」。即是說作為人君，首要的當是掌握天地陰陽剛柔變化的規律，順齊和利用天地（自然）變化的規律，去合乎倫理地治理民眾。這就要求像「履」（䷉）卦上天下澤一樣尊卑、貴賤分明，使民眾各安其分。如同孔子所說；為政首先要做到「君君、臣臣、父父、子子」（《論語・顏淵》）。因為「名不正則言不順，言不順則事不成，事不成則禮樂不興，禮樂不興則刑罰不中，刑罰不中則民無所措手足」（《論語・子路》）。

其次要「正位凝命」（《鼎卦・大象傳》），即要像國之重寶——象徵政權的「鼎」一樣，端正所居之寶位，固守所受之天命，「居賢德善俗」（《漸卦・大象傳》），積累美德，改善風俗。因為「合抱之林，生於毫末；九層之臺，起於壘土；千里之行，始於足下」。（《老子》第六十四章）所以人君應懂得「順德，積小以高大」（《升卦・大象傳》），積累美德以成就自己的名望、威信的道理。這就叫做「懿文德」（《小畜卦・大象傳》），日益完善自己的文章、道德，以君臨天下。

再次要「容民畜眾」（《師卦・大象傳》），即要最大限度地兼容畜養民眾。要做到這一點，一是要堅持「以類族辨物」（《同人卦・大象傳》），萬物莫不有同異，並因此而分門別類，人類亦然。因此，應以血緣和意志予以區分歸類；對於不同利害的人，要如「睽」卦之象所示，上「離」（☲）下「兌」（☱），「離」為火，火自上；「兌」為澤，水自下，水火乖離，故曰「睽」，「睽」，違也。從容畜民眾的角度講，人君要「以同而異」（《睽卦．大象傳》），善於聽取不同意見，求同而存異，團結意見不同的人共處。

二是要「裒多益寡，稱物平施」（《謙卦．大象傳》），即要如「天之道，損有餘而補不足」（《老子》第七十七章），量物之多少而均施於人。還要「厚下安宅」（《剝卦．大象傳》），以寬厚的政策對待下民百姓，以使自己安居無虞。

三是要「勞民勸相」（《井卦．大象傳》），使民勞而相互團結、幫助。

四是要「建萬國，親諸侯」（《比卦．大象傳》），即因血緣親疏，功勞大小以分封和撫慰諸侯，促進上下朝野親密，以安定王業。

其二是「明慎用刑而不留獄」（《旅．大象》），「旅」之象為上「離」（☲）下「艮」（☶），「離」為火，「艮」為山。野火燒（刑）山，明亮而不留遺物。故想像到人君治國，既要清明謹慎，又要剛決果斷，不委延不決。

關於刑罰用獄，有五個卦的「大象」論及。如「賁」卦之「大象傳」曰：觀此卦，「君子以明庶政，無敢折獄。」即人君要興禮樂，清明政務，不可據表面或一面之詞決訟、判獄。再如「噬嗑」卦之「大象傳」曰：「雷電，噬嗑。先王以明罰敕法。」以雷霆電閃、利齒啃咬、令人膽寒，譬喻法之無情，人君應如有德之先王，修明刑罰，整敕法令，懲治罪犯。「豐」卦之「大象傳」：「雷電皆至，豐。君子以折獄致刑」，即判決訟獄，執行刑罰。「中孚」卦之「大象傳」：「澤上有風，中孚。

君子以議獄緩死」，即判決訟獄，不應倉促，尤其不應草菅人命，每延緩行刑之餘，無不快慰其心。「解」卦之「大象傳」：「雷雨作，解。君子以赦過宥罪。」按「解」（䷧）上「震」☳下「坎」☵，「震」為雷，「坎」為水，雷雨至，萬物解凍而蘇，人君應以此象赦免有過者，寬大有罪者，在公平的前提下，寬刑罰以施恩於百姓，等等。這些例子說明，中國之法制傳統，淵源可溯自《周易》。

其在祭祀方面，「大象傳」中亦提過兩次。如「豫」卦：「先王以作樂崇德，殷荐之上帝，以配祖考。」按「豫」（䷏）之卦象為上「震」（☳）下「坤」（☷），「震」為雷，「坤」為地，雷震地動，蟄居之物破土而出，萬物蓬勃生長，有和樂之義，故名為「豫」。此是天地吉祥之兆。

人君觀此卦則應遵祭禮，表演樂舞，並用豐盛的祭品供奉上帝和陪著享祭的祖先神。又如「渙」（䷺）卦，上「巽」（☴）下「坎」（☵），「巽」為風，「坎」為水，風行水上，則飄萍渙散，故行名。渙有人心渙散失居之義，人君觀此卦象，則應祭祀上帝，同時建造宗廟，稱頌先祖功德，以增強下民百姓和統治集團的宗族意識和凝聚力。

以上兩卦是從不同的方面言講祭祀的功能。一為致謝於上帝和先祖，一為祈福於上帝和先祖。古者「國之大事，惟祀與戎」。《易經》亦有關於祭祀的記載。如「既濟」卦九五爻：「東鄰殺牛，不如西鄰之禴祭，實受其福」，就是說東鄰（殷）厚祭以牛，反不為西鄰（周）夏祭之薄所秉受的福佑多。暗喻承祭方必須虔誠有德，不在祭品之厚薄。孔子儒術「六藝」之首是「禮」，其重要內容便是「俎豆之事」，即祭祀。

孔子是很講究形式的，《論語・八佾》一篇主要是講他對祭祀的看法的。所謂「祭如在，祭神如神在」；「獲罪於天，無所禱也」；「賜也，爾愛其羊，我愛其禮」，等等，都表明了他對祭祀的看法。

儒家荀子之「隆禮貴義」，進一步強調祭祀祖先是禮的一項重要德目。他的《禮論》記述了幾種不同的祭祀的儀禮，尤其詳述了不同的喪葬之禮。荀子說：「禮有三本」。天地是生之本，先祖是類之本，君師是治之本。「故禮，上事天，下事地，尊祖先而隆君師，是禮之三本也。」這裡所說的事天地祖先，就是指祭祀。他說：

> 祭者，志意思慕之情也。忠信愛敬之至矣，禮節文貌之盛矣，苟非聖人，莫之能知也。聖人明知之，士君子安行之，官人以為守，百姓以成俗。其在君子，以為人道也；其在百姓，以為鬼事也……哀夫！敬夫！事死如事生，事亡如事存，狀乎無形影，然而成文。

這是說，祭祀在主觀上是人們對天地或亡故了的先祖君師和親朋的思慕之情的一種表達形式；客觀上也反映出人們忠信愛敬等禮義道德。同時，也是人君用來昭明德行、文飾政治、增強凝聚力的一種手段。荀子並不認為真的有鬼神存在，但主張「事死如事生，事亡如事存」，認為這是「盡人道而非鬼事」。祭祀這種形式，對爾後道教和中國佛教都產生過不同程度的影響。千百年流傳至今，已經凝結成一種固有的文化現象。儘管儀式趨於簡潔，並因方俗而不同，但其功能則是不朽的。從國家領導人和海外赤子祭黃帝、炎帝陵，到民間百姓清明節踏青祭祖，都反映出它的積極性的一面。

㈡恐懼修省

《易》之《乾卦‧文言傳》提出人君擁有四種德行。它說：

元者，善之長也。亨者，嘉之會也。利者，義之和也。貞者，事之干也。君子體仁足以長人，嘉會足以合禮，利物足以合義，貞固足以干事。君子行此四德者，故曰：「乾，元、亨、利、貞。」

元、亨、利、貞本是指自然界事物生長發育的過程。元為天地化生萬物之始，故為眾善之首。亨為萬物成長發育壯大，亨通無礙，和美豐盛。利為陰陽交相利成，萬物成熟有獲。貞、干為陰陽燮和不失位，萬物各得其正，保合太和。作者借自然界之物象比喻人之德行，認為人君為天之子，享天之命，故惟天子才具有體仁、合禮、合義、正事這四種美德。《文言傳》還特別強調，具有「龍德」（君德）之人，固然「中正」、「德博」，但仍須「進德修業」、「修辭立誠」、「居上位而不驕，在下位而不憂，因其時而惕」。指出：所謂「亢龍有悔」，是指人君「貴而無位，高而無民，賢人在下位而無輔，是以動而有悔」。因此，他強調人君應該「知進退、存亡、得喪而不失其正」，警惕「物極必反」。

《易》之《象傳》與《文言傳》的思想一脈相通。它告誡人君應「思患而豫防之」（《既濟卦・大象傳》）。具體作法之一是「除戎器，戒不虞」（《萃卦・大象傳》），即化解矛盾，廢除兵器，以免發生意料之外的情況。老子說：「兵者，不祥之器。」因此，要做到「雖有舟車，無所乘之；雖有甲兵，無所陳之」。墨子提出人君要兼愛、非攻，以免為戰爭付出代價。《孟子》亦提出，「善戰者，服上刑」（《離婁上》）。

和平相處是中國人固有的民族性格，這種性格也是自《周易》以來逐漸穩固下來的。作法之一是「恐懼修省」。《易經・震卦》（䷲）之「大象」說：「洊雷，震。君子以恐懼修省」。按「震」之卦象為二「震」（☳）重疊，故曰「洊雷」。上雷剛過，下雷又迭至，言震蕩連續不停，令人生畏。人君觀此象，當存恐懼戒慎之心，反省自己的過失，修德以彌補。「蹇」卦之「大象」亦云：「山上有水，蹇。君子以反身修德。」按「蹇」（䷦）之卦象為上「坎」（☵）下「艮」（☶），「坎」為水，「艮」為山。水在山上，事物剛好相反，故蹇者，難也。人君於蹇難之時，當冷靜自強，躬身修德，像昔日賢德之君，「茂對時育萬物」（《無妄卦・大象傳》），即勉力順合天時，輔育萬物生長。

縱觀《易傳》對人君修德的具體要求，可知其立足點還是以殷周之際「以德配天」說為根據的。秦漢而後，「以德配天」說經董仲舒又有新的發展。董仲舒繼承了道家陰陽術士和《黃帝內經》有關「人身小天地」、「人副天數」之說，鍛造了一個天人感應的神學目的論體系。這種感應論表現為「祥瑞」說和「譴告」說。

其說以為，天地間存在混沌之氣，分化而為陰氣和陽氣。二氣絪緼循環，相互消長。相對應的時候，二氣平衡、祥和生物，反之便失衡、相制相剋。而二氣運動又受制於天意，天意又是根據人君的道德行為而表示出來。如人君的行為順天循道，陰陽和合，上天便予以嘉許，表現於人世便是祥瑞現象迭現，年景豐收，社會安定。反之，上天便會因不滿而生譴告。如他在《舉賢良對策》中對漢武帝說：

臣謹案：《春秋》之中，視前世已行之事，以觀天人相與之際，甚可畏也。國家將有失道之政，而天乃先出災害以譴告之；不知自省，又出災異以驚懼之；尚不知變，而傷敗乃至。以此見天心之仁愛人君，而欲止其亂也。

也就是說，天為仁德之天，且隨時監視、督促著人君的統治行為和道德行為，主宰著人君的命運。人君必須懂得天人相與之際並非沒有制約關係，而是可怕的。如果人君不與天合德，便會受到不斷升級的懲罰，乃至被天除掉。這是一種屈君而伸天的理論，其本質是由這種理論，適當限制人君的殘暴腐敗行為，而致使君與廣大民眾離德，從而緩解社會矛盾和危機，維護統治穩定，使長治久安。這種思想，應該說是《周易》特別是其《象傳》思想的繼承、改造與發揮。

中國封建社會的漫長，固然與中國封建經濟發展的特殊規律有關，但中國整個中世紀不似西方中世紀統治那麼黑暗，這是一個事實。而這種統治現象，應該說與《周易》對人君的道德要求是分不開的。而《周易》的這種要求，又是對殷紂滅亡教訓的一種總結，所謂「殷鑒不遠」即是。這條歷史的線索是十分明顯的。

四、立不易方，致命遂志

㈠修道行德與居仁、立禮、行義

中國人常用「大丈夫」稱許有高尚志氣和遠大抱負的男子，表示一種人格景仰。這種稱呼由來已久。其在先秦，如《老子》第三十八章：

> 故失道而後德，失德而後仁，失仁而後義，失義而後禮。夫禮者，忠信之薄，而亂之首。前識者，道之華，而愚之始。是以大丈夫處其厚，不居其薄；處其實，不居其華。故去彼取此。

這一章所述，表明了老子尊道貴德的價值觀。道家認為，仁、義、禮、法是人欲滋甚、道德喪失以後人為的一種規範，用道家莊子的話說，是「外立其德」。那些自謂有先見而制禮作樂以為節文之人，不過是表面上認識道的愚者。而大丈夫則不然，在厚實與薄華之間，其價值取向是前者。那麼，道家為什麼作這樣一種道德價值判斷和取捨呢？後來黃老道家的代表之一文子有過這樣一種解釋：

仁、義、禮何以為薄於道德也？文子曰：為仁者，必以哀樂論之；為義者，必以取與（予）明之；四海之內，哀樂不能遍；竭府庫之財貨，不足以贍萬民。故知不如修道而行德。因天地之性，萬物自正而天下贍，仁義因附。是以大丈夫居其厚，不居其薄。（《道原》）

這是從本與末的觀點釋道德、仁義的關係。道德為本，仁義為末，故大丈夫以道德為修養的目標。何謂大丈夫？文子說：

大丈夫恬然無思，惔然無慮，以天為蓋，以地為車，以四時為馬，以陰陽為御，行乎無路，遊乎無怠，出乎無門。（《道原》）

這裡所謂大丈夫是指具有最高道德之人。這種人因其恬澹虛靜與自然（天）合德，無所不覆，無所不載，無所不使，無所不備，一切因順自然。這是道家的解釋。與文子稍早的儒家孟子則從道德以下的仁義的層次對「大丈夫」作界說：

居天下之廣居，立天下之正位，行天下之大道；得志，與民由之；不得志，獨行其道。富貴不能淫，貧賤不能移，威武不能屈。此之謂大丈夫。（《滕文公

下》）

此所謂「廣居」指「仁」，「正位」指「禮」，「大道」指「義」。大丈夫的標準是居仁、立禮、行義；得志，率領天下百姓行道；不得志時自己也堅持行道。在富貴和威武面前，不使自己惑亂屈服；處於貧賤地位，也不改變自己的節操。顯然儒家的「大丈夫」觀更為實際和具體。

「富貴不能淫，貧賤不能移，威武不能屈」三句，已經成為中華民族立身守志、培養自尊、自信、自強人格的座右銘。孟子曾說：「君子之志於道也，不成章不達」（《盡心上》）。就是說，君子學道，必須始終一致，鍥而不捨地執著追求，不氣餒，不虛浮，一步一個腳印地前進。故以上三句話也是君子經邦濟世的最高原則。

無論老子「尊道而貴德」的大丈夫，抑或是孟子「居仁、立禮、行義」的大丈夫，看似有形式和層次的不同，但在本質上並無區別。因為在孟子看來，仁、義、禮，不過是道德的節目或具體體現而已。正是因為有道德，才有仁義禮等具體範疇，沒有具體範疇，哪裡有一般的道德範疇？所以從某種意義上說，兩家推崇的「大丈夫」，應為同一種理想人格。

㈡立不易方，致命遂志

老子和孟子的「大丈夫」人格，被戰國後期《易傳》的作者予以概括整合，並從

《易經》之卦象中找出了根據，於是被納入了易文化傳統之中，成為《周易》從「經」到「傳」的一個中間環節。

如前所述，《周易》「大象」主要在於強調人君更應恪守道德，對士君子亦有具體的道德要求。

首先，在立身方面，《象傳》提出了「立不易方」的原則。這一原則見於「恆」(䷟)之「大象」：「雷風，「恆」。君子以立不易方。」按「恆」上「震」(☳)下「巽」(☴)，「震」為雷，「巽」為風，意謂面臨風雷驟變的世道，君子處世應堅定立場，不變易作人的原則，保持自己的節操。

「恆」卦九三爻辭說：「不恆其德，或承之羞，貞吝。」其《彖傳》亦云：「天地之道恆久而不已也……日月得天而能久照，四時變化而能久成，聖人久於其道，而天下化成。觀其所恆而天地萬物之情可見矣。」「恆」之《彖傳》以為，天地萬物運動變化的法則是恆久不變的，如日月遞照，四時循環，恆常不已。聖人堅持以天地之恆道教化萬民，故可以取得成就。因此，君子立身應持之以恆。《論語》載，孔子施教時曾引九三爻辭說：

> 子曰：「南人有言曰：『人而無恆，不可以作巫醫。』善夫！『不恆其德，或承之羞。』」(《子路》)

蓋古者醫易同源。楚人尚巫，巫醫合一。作巫醫的一個基本道德便是堅持恆常之德。人不恆其德，便會喪失尊嚴，使人格受辱。可見「立不易方」，堅持恆德的重要性。

關於堅持恆德，《象傳》之「大象」有一些具體要求。如：「家人」卦（䷤）之「大象」、「風自火出，家人。君子以言有物而行有恆」。「家人」卦上「巽」（☴）下「離」（☲），以風吹火，有人家炊煙之象。作為一家之主必須言行如一，不懈地奮鬥，方可以齊家。其「咸」卦之「大象」要求君子應「以虛受人」，即要謙虛。「大畜」卦之「大象」說：「多識前言往行，以畜其德。」畜同蓄，即是說君子應虛懷若谷，多從先聖前賢的事跡中吸取經驗，增長知識，以培養自己的德行。還要本分，「思不出位」（《艮卦・大象傳》）。在人倫方面，要「行過乎恭，喪過乎哀，用過乎儉」（《小過卦・大象傳》）。即在禮儀、居喪、居家過日子等方面要比一般的人恭敬一點，悲哀一點，節儉一點，必然會受到社會的稱讚。

在待人接物方面，《象傳》也有一些具體要求。

其一要「懲忿窒欲」，「反身修德」。前者為「損」（䷨）卦之「大象」。其象為上「艮」（☶）下「兌」（☱）。「艮」為山，「兌」為澤，山在澤中，久之山蝕澤塞，二者俱損。君子觀此象對壞人壞事要抑制憤怒，理性對待；對己則要克制欲念，使物我兩不相損。後者為「蹇」卦（䷦）之「大象」。其象為上「坎」（☵）下「艮」（☶），是水患滅頂之象，故「蹇」，即有難。君子觀此卦應反身修養自己的德行，這與「損」之象相一致的。

其二要「遠小人」。「遯」(䷠)之「大象」曰：「天下有山，遯。君子以遠小人，不惡而嚴。」天下只有山，喻君子宜於入山遯世，以全名節性命。否則必遭小人暗算，故要遠小人。但在態度上要注意使其懼自己的嚴正而不敢以惡相向，這是一種藝術。

其三要親朋友。「兌」卦(䷹)之「大象」曰：「麗澤，兌。君子以朋友講習。」「兌」之象為二澤相併，有競秀之意。二澤相競當互相促進，故有「朋友講習」之說。「兌」有「悅」義。孔子說：「學而時習之，不亦說乎！有朋自遠方來，不亦樂乎！人不知而不慍，不亦君子乎！」(《論語・學而》)高朋滿座，談道論德，自然是愉悅的事。

親君子，遠小人，這是古代做人的一條道德要求。其在人君，要辨忠奸、尚賢使能，使俊傑在位；同時要遠佞人，防止他們進讒言和挑撥、使壞。如商紂之飛廉、惡來，周成王之管蔡二叔，都是可堪憂慮的教訓。奸臣逆黨，奸佞小人，無代無之。他們結黨營私，弄權竊國，欺騙人主，擾亂安定，禍國殃民。人君不識不拒，其後果何堪設想！至於君子，亦應慎擇朋友。

好朋友可促進自己進步，陶冶高尚情操；壞朋友則陷己於不義，甚至危及身家性命，故不可不慎重。「如切如磋，如琢如磨」，「他山之石，可以攻玉。」與好朋友講習，在今天仍然有著重要的道德修養意義。

其次，在經世方面，《彖傳》提出了「致命遂志」的原則。這一原則見於「困」卦之「大象」：「澤無水，困。君子以致命遂志。」按「困」卦（䷮）上「兌」（☱）下「坎」（☵），「兌」為澤，「坎」為水，澤下泄水，其澤必涸。澤涸故困。其《彖傳》曰：「困，剛掩也。險以說，困而不失其所，亨，其唯君子乎！」這是說，「困」卦陽爻都被陰爻包掩，如九二、九四、九五爻被包掩於初六、六三、上六三爻中，有小人包掩君子，君子困厄之象。

君子臨此險境，尚能樂觀不懼，是不失其志，化困險為亨通，惟君子才能做到。逆境出人才。孟子說：

> 天將降大任於斯人也，必先苦其心志，勞其筋骨，餓其體膚，空乏其身，行拂亂其所為，所以動心忍性，增益其所不能。人恆過，然後能改；困於心，衡於慮，而後作；徵於色，發於聲，而後喻。入則無法家拂士，出則無敵國外患者，國恆亡。然後知生於憂患，而死於安樂也。（《告子下》）

君子之於困難，應想到是上天將委己以重任的一種考驗。心志、筋骨、肚腸、身體等方面都要受磨難；連行事也難以實現願望。這才能觸動靈魂，堅韌意志，增長才幹。失敗為成功之母，困頓為奮發動力。意志和毅力表現在臉色和語言上，大家就理解了。所以一個國家，如果內無掌握法度的輔弼之臣，外無敵國外患的咄咄聲勢的壓力，必然會滅亡。這才能懂得生與死、憂與樂的辯證法。

孟子的這段名言，正可以作為「困」之「大象」的注腳。所謂「致命遂志」，是說以豁出性命以授任的勇氣，肩負重責，臨危不懼，以實現高尚的理想的精神。這種人對事業有高度的責任感，對困難持藐視的態度，對勝利抱必勝的樂觀信念。據《說苑》載，孔子也十分贊揚「困」卦兆辭「亨」。他說：「吾聞人君不困不成王，列士不困不成行。」比如湯困於呂，文王困於羑里，齊桓困於長勺，都是其例。

遭遇困境，尚能樂觀看待，持必勝信念從容處之，這才是真正的勇敢。這種精神，是中華民族優秀的人文精神，應該予以批判地繼承和發揚。

五、振民育德，教施無窮

(一)常德行，習教事

《易傳》的道德價值取向，不僅表現在它對《易經》闡釋過程中多從人倫道德方面引申，而且表現在對統治者施行德育的重要性的關注上。如前所述，中國的德育思想有著悠久的歷史，殷周之際便已有了萌芽。《易經》之「蒙」卦可以作為顯例。

中國古代德育思想的一個顯著特點是政教合一。所謂政教合一，一方面是說，職掌教育的官吏，如師氏、保氏、大司樂、大胥、小胥等，他們既是教師，又是各級行政長官。甚者天子、諸侯、卿大夫都可以宣教，這叫做「官師合一」。西周的老師，可以世代相傳，且世襲其職。

另一方面是說，教育有內容和培養目標都是以政治為中心，為政治服務的。如當時的小學教育，據《周禮‧地官司徒》載：師氏教國子以三德（至德、敏德、孝德），三行（孝行、友行、順行），保氏教國子以六藝（五禮、六樂、五射、五馭、六書、九數），六儀（祭祀、賓賓、朝廷、喪紀、軍旅、車馬之儀節），大司樂教國子以三樂（樂德、樂語、樂舞）等等。

總之，無外乎德行、儀禮、樂舞及六藝等方面的內容。而高一級的或稱大學教育，在於對以上知識的提高，主要是貴族子弟任職的崗前培訓。

再一方面是說大學辟雍（明堂），既是教育的場所，又是行政機關。諸如養老、尊師、教冑、獻俘、郊射等教學活動，都在明堂進行，各種典禮亦在此舉行。天子時來這裡習教、泛舟、射箭，故又稱辟雍為「大池」、「射廬」。各諸侯國的學校則稱為泮宮，其形制大體與辟雍相似而略小。這種政教合一的教育制度，目的在於培養繼承宗法奴隸制的人才。

自東周以降，由於王權旁落，學政失修，教化陵夷，出現了官學沒落，私學興起的局面。所謂「天子失官，學在四夷」。這種情況直接關係到後繼無人的問題，這大概也是作《易》者憂患的問題之一吧。

春秋戰國時期，私學日趨繁盛，講學之風蜂起，私學的興起，一是促進了學術繁榮，傳播了文化典籍；二是改變了學在官府，貴族子弟壟斷學校的局面，造就了大批人才；三是活躍了思想。由於諸家並起，師異論，人異道，百家殊方，「各著書言治亂之事，以干世主」。（《史記・孟子荀卿列傳》）因而也引起了統治者的不安。《易傳》作者正是有鑒於此，因而十分強調人倫道德教育。

《易傳》之《象傳》、《繫辭傳》、《文言傳》都十分明顯地關注到德育問題。僅《象傳》直言德育便有四處。如「坎」（䷜）之「大象」云：「水洊至，習坎。君子以常德行，習教事。」按坎之卦象為上下水之相續，常流不竭。人君觀此象，當堅持作道德楷模，常習以禮樂教化。水復為洊，此喻指道德教育應如流水前波伏後波之意。這正好說明其對德育的重視。

再如「臨」（䷒）之「大象」：「澤上有地，臨。君子以教思無窮，容保民無疆。」按「臨」之象為上「坤」（☷）下「兌」（☱），「坤」為地，「兌」為澤，澤中有地，為水中之島；水土相依，風景煬和，亦可登臨縱目。人君觀此卦象，洋洋乎無限，思無窮之教，將道德教化推及天下，以保民無疆之福。

以上兩條象辭表明，作者一是主張堅持德育的經常性，習教不可以中斷或半途而廢；一是主張施教的普遍性，要做到無窮、無疆，將仁德之風吹遍天下。

㈡振民育德

關於教育的目的，《易》之各「傳」，都有不同的說法。歸納而言，大抵三條：

其一是啟蒙，開發民智。如《易經・蒙卦》卦辭說：

> 蒙：亨。匪我求童蒙，童蒙求我。初筮告，再三瀆，瀆則不告。利貞。

這是說，卜得「蒙」卦，預兆亨通。因為啟蒙教育正是化蒙昧為智慧，使之通達。愚蒙之童稚，求筮者施教，初筮即可得到告戒。舉一隅不以三隅反，再三求詢，即是褻瀆，告亦難以理喻，故不告也。其《彖傳》云：「蒙以養正，聖功也。」就是說，蒙昧之人，透由教養以使之具有中正之德，從而成就其作聖之功。故其「大象」曰：「山下出泉，蒙。君子以果行育德。」按「蒙」（䷃）之卦象為上「艮」（☶）下「坎」（☵），「艮」為山，「坎」為水，其意為山下出泉，象徵人君之德行如涓涓清泉，流溢天下。人君觀上卦象當毫不猶豫地用道德倫理輔育萬民，以啟天下之愚蒙。我國封建社會對童稚的「啟蒙教育」，援及爾後如明清之際的所謂「啟蒙思潮」，其名稱當源於此。

其二是振民，提高國人素質。如「蠱」卦所言：

> 蠱：元亨。利涉大川。先甲三日，後甲三日。
>
> 初六：干父之蠱，有子，考無咎。厲，終吉。

九二：干母之蠱，不可貞。

九三：干父之蠱，小有悔，無大咎。

六四：裕父之蠱，往見，吝。

六五：干父之蠱，用譽。

上九：不事王侯，高尚其事。

從義理言這是一個宣示中正德行的卦。「蠱」為蟲蝕，有亂、病、腐敗之義。筮得此卦，有大亨通之兆，出門跋涉江河必有吉利。甲日（每旬之第一日）前三日去，後三日回就可以了。「干父之蠱」是說兒子干預、匡正父親的腐敗、錯誤行為；「裕父之蠱」是說兒子贊成父親的錯誤和弊病。從卦辭、爻辭和兆辭看，凡是反對和匡正父親的弊亂行為的，便可「終吉」或「無大咎」、「用譽」，均無不祥之兆；反之，「裕父之蠱」便會「往見吝」。至於反對母親的錯誤，並不主張。而不委身於有蠱病的王侯，志行高尚，值得肯定。這一卦的道德價值判斷十分鮮明。春秋末期的孔子曾宣揚一種無原則的「孝」。如《論語》記載：

子曰：事父母幾諫，見志不從，又敬不違，勞而不怨……三年無改於父之道，可謂孝矣。（《里仁》）

葉公語孔子曰：「吾黨有直躬者，其父攘羊，而子證之。」孔子曰：「吾黨之直者異於是：父為子隱，子為父隱，直在其中矣。」（《子路》）

孔子之謂孝是不違背父親的意願，甚至以父子相互隱瞞偷竊行為為正直，這顯然是錯誤的，是傳統文化中的糟粕。《象傳》在釋「蠱」卦爻辭時顯然不同於孔子的忠孝觀：

初六：「干父之蠱」，意承考也。

九二：「干母之蠱」，得中道也。

九三：「干父之蠱」，終無咎也。

六四：「裕父之蠱」，往未得也。

六五：干父用譽，承以德也。

上九：「不事王侯」，志可則也。

這是說，子干父蠱，出發點還是為繼承先祖之美德，沒有什麼不對的，也不會有什麼不好；批評母親的錯誤也是中正的。子裕父蠱則是不可行的。而不與王侯合污，其人品可以作為楷模。

有鑒於此，其「大象」從形象思維的角度提出了振民育德的思想。按「蠱」(䷑)「艮」上(☶)「巽」下(☴)，「艮」為山，「巽」為風，故其「大象」稱「山下有風，蠱。君子以振民育德。」時值殷周之際，政治動亂，道德傾頹，不正之風蔓延，遇阻於山（正人君子），其風在山下回環肆虐，嚴重地敗壞了正氣，故其名為「蠱」。君子觀此卦象，憂患之餘，當堅定地施行德教，以揚民志，以振民風，樹立正確的道德觀念。中國傳統文化所張揚的「大義滅親」，並非孔子原初儒學的精神，而是對孔子忠孝觀否定的結果。而《易傳》則可以視其為先聲。

其三是進德修業。《乾卦・文言傳》借孔子名說：

君子進德修業。忠信，所以進德也；修辭立其誠，所以居業也。知至至之，可與言幾也；知終終之，可與存義也。是故居上位而不驕，在下位而不憂。故乾乾，因其時而惕，雖危無咎矣。

作為君子，要不斷地增進自己的道德，以建功立業，忠於職守，取信於民，是謂進德；立言真誠，說話謙和，則可以保守其功業；不斷完善自己的知識，認識高明，便可以參與議論形勢變化之道了；懂得了事物的循環始終之道，順於天而應於民，便可以保存自己的節義了。

所以君不驕逸，人臣則無憂，反之亦然。比如「亢龍」，「貴而無位，高而無民，賢人在下位而無輔，是以動而有悔也。」試想殷之紂王，不正是如此嗎？故居安思危，雖危亦無咎矣。可見人倫道德對於天下國家有著何等重要的作用。因此，《周易》十分強調德育。惟其加強道德修養，才能進德、居業、去憂。這也是值得今天我們借鑒的一條重要的歷史經驗。

第四章　易學與經世致用

一、概　論

君子不只追求心性道德的完美，不只追求理想人格的實現，更重要的則是「內聖」外化為「經世濟民」的胸懷。「居廟堂之高，則憂其民；處江湖之遠，則憂其君」，正是中華民族經世濟民社會心理和文化心態的真實寫照。盛德與大業、內聖與外王，是理想人格的一體兩面。

「經世致用」思想是君子理想人格化為現實人格過程的邏輯展現，是由《易經》發端的人文思想傳統。它是先民們在仰觀俯察、認識世界、改造世界以求生存的過程中發端的一種基本理念。經過千年的長足發展，而今又成為了我們求發展的一種重要精神資源。由《易》文化傳統觀之，它所包孕的內涵大體有以下四個方面。

其一，「開物成務以為天下利」。即易學中的經濟思想、富強思想和能動創造意識；其二，「革故鼎新，順天應人」。即易學中的改革意識、變革思想與自我更新理念；其三，「明罰敕法，稱物平施」。即易學中的法治思想與公平意識；其四，「備物致用，聚人以財」。即易學中的理財原則與管理決策思想。

關於開物成務的思想，人們以往有一種偏見，認為《周易》經傳乃儒家典籍，於是以儒家「義重於利」為據，認為《周易》也是只言義而不言利的。這實際上是對《周易》文本的一種誤讀。

首先。《周易》不是儒家經典，前已論及，茲不詳辯；其次，即或將之作為儒家典籍，事實上，儒家確有「義重於利」的趨向，但只是在「義」與「利」發生尖銳衝突之時的一種價值取捨而已，「義重於利」並不等於不講「利」，只是在儒家價值評判上將「利」放在次要地位。

關於革故鼎新的思想。有人往往以中國文明地處內陸的地緣因素，得出了中國文化守成多於革新的結論。事實上正是《周易》啟迪了中國文化的革命變革精神。「天下無道，聖人革之」，「革」、「鼎」、「艮」、「漸」、「睽」都是言變革的卦。「革，火水相薄，變在其中，聖人行權革易變之時」（《范文正公文集》卷五「易義」）。鼎，是古代聖王用以烹飪及祭祀天地和順養聖賢的器具。

范仲淹曾以殷湯王、周武王革命為例，認為湯武順應天時人心而取代夏殷，接著「改正朔，變服章、更器用」，勵行新政，他說，這就是所謂「革去故而鼎取新」，是「天下治」又「盛乎」的根本原因。這種革新的思想是我們今天進行改革的重要文化基因。

關於法治精神和公平意識。人們常常認為，中國自古只有人治、德治的傳統，而法治的精神在傳統中是固有的缺失。其根據是獨尊儒術以後，主張「德主刑輔」的儒家佔據了意識形態的核心。坐實而論，從漢儒始，一直到近代，作為統治思想的儒學事實上是兼容了法家思想的。而且從「德主刑輔」這一命題本身並不能直接導出中國沒有法治傳統的必然結論，只是刑處於次要的層次，並不是不要刑、不要法。這是我們今天發掘易文化法治人文精神傳統時必須加以審慎思考的。

稱物平施，從本質上講，是易學對小農經濟所滋生的「損有餘而補不足」的平均主義思想的一種反映。它直接導致了懶散、鬆垮的習氣，導致了生產效率的低下，是我們現行改革所要變革的對象。

但我們又不得不注意到，它確實是中國古代在落後的生產力水準條件下中華民族維持穩定、發展的思想體現，是人文精神的一個重要的層面。

關於聚人以財。與西方的理財觀念不同，易文化認為聚人比聚財更重要，透過聚人來理財。這是中國古代貢獻給現代社會的一份寶貴思想資源。值得玩味的是，中國人把經濟領域裡的交換活動稱作「做生意」，不僅僅是一個單純的物物交換的過程，而是人與人之間生意的過程。這其中蘊含著豐富的人文思想。不容否認，物與物的交換、國家社會財富的積累，都是由人這個仲介環節進行的。這一思想尤其在現代管理中愈益顯示其現代性和生命力。

開物成務重在創造，革故鼎新重在變革，明罰敕法重在整飭，聚人以財重在守成。這一系列經世致用的觀念，與理想人格、道德思想一併構成了易學理論的完整體系，也是易學理想人格、道德思想得以生成、發展與實現的最後根據。今天，我們正在進行現代社會主義市場經濟的宏偉建設，易學中所蘊含的富強思想、革新思想、法治觀念與科學決策思想，是必須加以活化的重要人文資源，繼承這些觀念，並對其進行現代性的轉換與創造性的闡釋，是構建現代經邦濟世觀念，推動現代化建設的重要基點。憑借厚重的經世理念，我們定會續寫一段新的傳奇。

二、開物成務，以為天下利

內聖外王，立功成器，是中國自古即有的人生價值追求，開物成務，以為天下利，是君子「外王」實踐活動的一種具體體現，也是君子理想人格得以實現的現實保證。

㈠「開物成務，以利天下」

「開物成務」語出《易傳・繫辭上傳》：「夫《易》何為者也？夫《易》開物成

務，冒天下之道，如斯而已者也。是故聖人以通天下之志，以定天下之業，以斷天下之疑。」宋張載對此加以解釋說：「物，凡物也，務，事也。開，明之也；成，處之也。」（《橫渠易說》）也就是說，所謂開物，即開發未知之物使明之，使人明於物之理，「以通天下之志」；所謂成務，即利用已認識之物以成就事業，「以定天下之業」。冒，覆也，即包容，天下之道都包容在此卦爻之中了。

「開物成務」是為了「利天下」。《易傳》多次談到利，「聖人立象以盡意，設卦以盡情偽，繫辭焉以盡其言，變而通之以盡其利，鼓之舞之以盡神。」所謂變而通之以為利，「通」是事物變後的穩定狀態，是說人應充分利用這一狀態謀取利益。如果有變無通，事物不停頓地變來變去，毫無穩定性可言，則人類的認識運動便無由發生，更談不上「以盡利」了。而「窮則變，變則通，通則久」，只有通才能久。可以看出，變通的目的是為了最大限度地「盡利」。

不過，值得指出的是，此「利」不是指個人利益的「利」，而是指「成己成物」「各正性命，保合太和」的「利」。

知變化之道者，其知神之所為乎！《易》有聖人之道四焉：以言者尚其辭；以動者尚其變；以製器者尚其象；以卜筮者尚其占。是以君子將有為也，將有行也，問焉而以言，其受命也如嚮。無有遠近幽深，遂知來物。非天下之至精，其孰能與於此？參伍以變，錯綜其數。通其變，遂成天下之文；極其數，遂定天下之象。非天下之至變，其孰能與於此？《易》，無思也，無為也，寂然不動，感而遂通天下之故。非天下之至神，其孰能與於此？夫《易》，聖人之所以極深而研幾也。唯深也，故能通天下之志；唯幾也，故能成天下之務。唯神也，故不疾而速，不行而至。（《易傳・繫辭上傳》）

《易》作為聖人君子濟天下必通之術，在這裡得到了體現，是聖人仁君開創萬世之業的基本理據，也是有識之士成就功名、實現理想人格的重要途徑。尚象製器是《易傳》「開物成務」以利天下的初步體現：

包犧氏沒，神農氏作。斲木為耜，揉木為耒，耒耨之利，以教天下，蓋取諸益。日中為市，致天下之民，聚天下之貨，交易而退，各得其所，蓋取諸噬嗑。神農氏沒，黃帝、堯、舜作。通其變，使民不倦。神而化之，使民宜之。《易》，窮則變，變則通，通則久。是以自天祐之，吉無不利。黃帝、堯、舜垂衣裳而天下治，蓋取諸乾、坤。刳木為舟，剡木為楫，舟楫之利以濟不通，致遠以利天下，蓋取諸渙。服牛乘馬，引重致遠，以利天下，蓋取諸隨。重門擊柝，以待暴客，蓋取諸豫。斷木為杵，掘地為臼，臼杵之利，萬民以濟，蓋取諸小過。弦木為弧，剡木為矢，弧矢之利，以威天下，蓋取諸睽。（《易傳・繫辭下傳》）

聖人觀象以製器，包犧、神農、堯、舜等往聖先賢，他們充分開發物用，並使民眾熟知物用之理，推而廣之，成就了非凡的偉業。這種開物成務，以為天下利的精神，成為促進古代文明史史發展的重要因素之一，成為爾後中國人重視發明創造的思想源泉。中國古代的四大發明，在整個世界古代文明史上具有不可抹殺的地位，應該說與此有著深刻的淵源關係。《易》之所以有如此大的功用，是因為它具備了「通神明之德，類萬物之情」的屬性，是包犧氏「仰則觀象於天，俯則觀法於地，觀鳥獸之文與地之宜，近取諸身，遠取諸物」的產物。

㈡致用盡利

易學「生生之謂易」，「易以道陰陽」，揭示了人類生產與自然的經濟關係。陰陽即指自然界，人作為萬物之靈，其生存的物質需要的滿足，首先依賴於自然界的賜予，原始的農耕文明很大程度上依賴於自然之天的風調雨順。這就是先人為什麼敬天崇筮的原因。

首先，觀象數以知時節，指導農業生產。象數說當首推兩漢孟喜、京房的卦氣說。所謂「卦氣說」，是指以六十四卦之卦象配四時、十二月、二十四節氣、七十二候。兩漢時期易學研究更加趨於實用性，以完善天文曆法、總結物候經驗，指導發展農業生產。孟喜以《周易》卦象說明一年節氣的變化。

京房則在此基礎上進一步發展卦氣說，他將六十四卦看成是世界的模式，建立了一個以陰陽為世界間架的理論體系。他認為，陰陽二氣的運行和五行之氣的生剋是《周易》的基本法則，這一法則表現在八卦、六十四卦以至三百八十四爻之中。

到了邵雍，易作為一種經世哲學，已逐漸形成完備的理論體系。他在其《皇極經世圖》中，將《周易》的象數說發展成為推測事物演變程序的工具；將卦氣說中的陰陽消長法則加以推廣，用來解釋宇宙和人類社會變化的規律。這一易學經世致用中的革命，對爾後易學的發展，產生了深遠的影響。

以張衡、祖沖之等古代科學家的成績為證，闡述易學在物理學領域內的重要作用，表現了易學研究者所持的開物成務的態度，這一點在歷代思想家中以明末清初的方以智最為突出。他在談到象數之學時說：

> 河洛卦策，徵其端幾，物理畢矣。岐伯曰：「六合之內，不離於五。」邵明小衍，其約幾乎？肢官蛻蝡，象緯聲光，是造化物理之符；曆律醫占，為盈虛損益通類引觸之籥。世士苦於世累，好修則守常理，有才則溺詞章，豁達則喜放懶，誰肯精緻開誠，以決質俟之疑乎！平子、沖晅、一行、康節，間出難遇也。

（《通雅・讀書類略提語》）

這是說：河圖洛書和邵雍的小衍之數，都是自然現象變化量化的反映，一般的解易者不肯下功夫鑽研玩味，也就不能對自然現象做出正確的解釋。只有張衡、祖沖之及其子、一行、邵雍深研象數，才取得了重大突破。

其二，觀天地之德以利成就功業。「人法天，天法地，地法道，道法自然」，要開物成務，首先必須認識自然、認識天道。只有深察天道之變，探究萬物的規律，開物成務才成為可能。對此，魏晉玄學家王弼從天的剛健之德與地的柔順之德作了深入闡述。他說：

天也者，形之名也；健也者，用形者也。夫形也者，物之累也。有天之形，而能永保無虧，為物之首，統之者豈非至健哉！大明乎終始之道，故六位不失其時而成。升降無常，隨時而用，處則乘潛龍，出則乘飛龍，故曰「時乘六龍」也。乘變化而御大器，靜專動直，不失大和，豈非正性命之情者邪？

地也者，形之名也；坤也者，用地者也。夫兩雄必爭，二主必危。有地之形，與剛健為偶，而以永保無疆。用之者，不亦至順乎？若夫行之不以牝馬，利之不以永貞，方而又剛，柔而又圓，求安難矣。（《周易注・乾、坤》）

他以「至順」釋「坤元」，認為地具順之德而生載萬物，成就天以剛健之德始萬物的功業。這樣，王弼從天地之德這個角度打開了人們認識自然之門，引導有識之士發揚「自強不息」，「厚德載物」的精神，成就「開物成以務利天下」的偉業。

唐孔穎達在論述乾卦時也說：「天以健為用者，運行不息，應化無窮，此天之自然之理。故聖人當法此自然之象而施人事，亦當應物成務，云為不已，終日乾乾，無時懈倦，所以因天象以教人事。」（《周易正義》）意思是說，天是「運行不息，應化無窮」的，聖人設乾卦的目的，就是教導人們法天之用，依循自然之理，終日奮勉無時懈怠；激勵人們順天應時，奮發進取，認識改造自然，為人類謀取福利，也就是說的「開物」。

崔憬則在注《序卦》時說：「物極則反……否終則傾……以欲從人，物必歸己，所以成大有。富有而自遺其咎，故大有者不可盈，當須謙退，天之道也」（《易探玄》）。用天地「物極必反」的規律，告誡統治者要注意謙退，以守業「成務」。

其三，觀易明性命之理，以利人倫之化。這一偏向在儒學那裡得到長足發展，尤以宋明道學為最。北宋易學者李覯認為聖人作易本以教人，易學是聖人仁君教化人倫的典籍。他說：「聖人作易，本以教人……君得之以為君，臣得之以為臣，萬事之理，猶輻之於輪，靡不在其中矣」（《易論第一》）。將《周易》視為歷代仁君聖主用以教化人倫思想的結晶。這樣，易學從教人們認識自然之天，逐漸深化為認識人類社會之理、提高人類自身的道德素質的學問。

宋儒程頤進一步從儒學立場闡發了《周易》的性質，認為《周易》是一部闡述性命之理以盡開物成務之道的書。他說：「其為書也，廣大悉備，將以順性命之理，通幽明之故，盡事物之情而示開物成務之道也。聖人之憂患後世可謂至矣。」他認為，廣大悉備的《周易》是聖人憂患意識的一種體現。其性命之理出於事物之理，出於事物變化的規律性。他進一步論證說：

聖人見天下深遠之事，而比擬其形容，體象其事類，故謂之象。天下之動無窮也，必「觀其會通」，會通，綱要也。乃以「行其典禮」，典禮，法度也，物之則也。繫之辭，以斷其吉凶者，爻也。言天下之深遠難知也，而理之所有，不可厭也。言天下之動無窮也，而物有其方，不可紊也。擬度而設其辭，商議以察其動，「擬議以成其變化」也。（《易說・繫辭》）

意思是說，天下之事雖然幽冥難知，但其理仍可以探求；聖人將其所見之理，設立卦象加以形容，以象徵那一類事物。事物的變動沒有窮盡，但其變通皆有規律可循，紊而不亂。聖人依其變動的規律，繫之以爻辭來判斷吉凶。聖人總是效仿和度量事物之理，設立卦爻辭；商議考察天下之動態與爻象之變動，以成就變化之道。聖人君子總能發揚人的主體性，認識天道，經營萬事萬物成務以利天下。

明代哲人羅欽順也認為，《周易》為明理之書，因其專言窮理盡性以至於命，故居群經之首。《周易》之用在窮理盡性。他說：

夫易之為書，所以教人窮理盡性以至命也。苟能窮理盡性以至於命，則學易之能事畢矣，而又何學焉？性命之理，他經固無不，然未有專言之也，如易之明且盡者。（《困知記續》卷上）

「觀玩」一詞，是指由觀象玩辭，推論理勢之所必至，教人採取相應措施，免於悔吝和凶險。總之《周易》所謂占，教人防患於未然，不是向神靈占問吉凶。所以明以教人，是要樹立做人的準則，即「人極之所以立也」。

其四，觀易以明社會進化之理。楊萬里在易學致用方面作了較完備的論述：「天下無事，庸人不庸人。天下多難，豪傑不豪傑。當屯難之時，君子當之，豈可以晏然處之哉！非有經綸天下之才，則屯未易亨。」（《易傳・屯》）

他認為，屯卦處艱難之時，天下興亡，君子不可坐視不顧，而應及時地解民於倒懸，扶大廈之將傾。借易之精義，激勵有為君子，抓住機遇，成就萬世英名，充分肯定了人在歷史發展進程中的主體性。

王夫之則透過對「一陰一陽之謂道」的闡釋建立了他的氣本論，進而提出了「太虛本動，氣化日新」的思想，認為人類社會、宇宙萬物是一個不斷新陳代謝的進化過程，這一思想對後來的思想家們提出改良、改革、革命的思想產生了重大影響，激勵著廣大仁人志士義無反顧地投身到社會變革的大潮之中。

其五，觀易以明醫理，以利人類身心健康。

明代醫學家張介賓著有《醫易義》一書，第一次以理論的形式將易與醫道聯繫起來，闡述了醫易同源之理。他說：「乃知天地之道，以陰陽二氣而造化萬物。人生之理，以陰陽二氣而長養百骸。易者易也，具陰陽動靜之妙；醫者意也，合陰陽消長之機。雖陰陽已備於《內經》，而變化莫大乎《周易》。故曰天人一理者，一此陰陽也；醫易同源者，同此變化也。」（《類經附翼・醫易義》）他利用周易中陰陽變化之理，將天、地、人三者統一起來。天地大宇宙，人體小宇宙，天地陰陽變易之理，同樣適用於人體這個小宇宙。從而推動了中國古代醫學理論的發展，豐富了中國醫學的理論寶庫，為中華民族的身心健康提供了一個醫學理論基礎。

可見，易學研究涉及到社會生活的各個層面，從發掘易學的陰陽思想開始，逐步涉及自然哲學、政治學、社會學的領域，大大提高了易學的實用價值。

㈢「開物成務」與現代富強意識

我們已邁入新的世紀，面臨著繼往開來的歷史使命。「開物成務，以為天下利」，作為歷代中國人的價值準則，是我們今天必須加以剝離並活化利用的一項寶貴思想資源。

首先，正確認識「易為君子謀」。易學「開物成務」的思想由聖人觀象製器到觀象數以知時節、觀天地之德以成就功業，明性之理以利人倫，其中無不貫穿著聖人、君子的主線。直到宋代的程顥仍然認為，《易》之為利天下，首先必須倚重聖人。他在解釋泰卦《象》文「財成天地之道」時說：「天地之道，不能自成，須聖人裁成輔相之。如歲有四時，聖人春則教民播種，秋則教民收穫，是裁成也。教民鋤耘灌溉，是輔相也。」（《遺書》二十二上）

意思是說，自然規律不能自覺作用於人，必須有聖人「裁成輔相」才能被人們認識和利用，促進農業生產的發展。

從某種意義上說，一個時代的易學理論是該時代社會生活文明程度的集中體現，同時，易學的發展，又推動著人民群眾開物成務的實踐。毋庸置疑，歷代思想家對易學的研究推動了易文化的發展，使易學從卜筮之術中剝離出來，滲透到天文、曆法、地理、人倫、醫學、數學、物理等諸層面，成為「百科全書式」的經典。

然而不容忽視的是，他們將研究的重點一直放在代聖人立言、成聖人君子之務上，這不能不說是其歷史的局限。在人類歷史發展進程中，我們充分肯定聖賢、英雄的價值，充分肯定正確理論的指導作用。但正因如此，我們更應尊重人民群眾的首創精神。人民群眾的實踐活動不斷豐富著易學的內涵。然而，翻開「歷史」，我們見到的只是「為帝王將相作家譜的所謂的正史」，人民群眾的創造業績都被史家全盤抹殺。這正是我們今天在弘揚「開物成務」人文精神時必須加以改造的。只有如此，才能充分煥發人民群眾的創造精神。

其次，正確處理「開物成務」與「以利天下」的關係。在我國生產力水準相對低下，且地區之間發展極不平衡的社會主義初級階段，理順「開物成務」與「利天下」的關係是當務之急。必須明確，「開物成務」只是手段，「以利天下」才是目的。堅持以經濟建設為中心，其目的是為了生產力水準提高，綜合國力的提高和人民群眾的物質文化生活水準的提高。這樣才能真正有效地把握改革的方向，實現國富民強的現代化目標，以實現人類全面發展的目的。改革的一系列方針政策的確立，可以說是「開物成務」的現代體現。

其五，充分重視科學技術的作用。科學技術是第一生產力，在今天知識經濟的新時代，「開物成務」賦予了新的時代內涵，其首要的手段是充分發揮科學的作用，尊重知識，尊重知識分子，調動他們的積極性和創造性，把潛在知識形態的科學技術迅速轉化為現實的生產力，以促進經濟的發展和人民生活水準的提高，實現「富強、民主、文明」的現代化目標。易文化傳統所倡導的人文精神必將在新的歷史條件下大放異彩。

三、革故鼎新，順天應人

明社會變化之理以利天下，是《周易》開物成務題中應有之義。易經鼎革兩卦所體現的改革意識、變革思想與自我更新理念，是易學經世致用思想又一層面的邏輯展現。

㈠「革故鼎新」

「鼎，三足兩耳，和五味之寶器也。象析木以炊。」（《說文解字》）這是說，鼎是一種炊具，調和五味，化生為熟，這裡喻人才輩出。所以鼎卦有取新之意，革、鼎二卦也成為姊妹卦。革、鼎卦象上下交錯，卦理也一脈相承。《易傳・序卦傳》說：「革物者莫若鼎，故受之以鼎。」革故鼎新的意境全然透脫地突顯出來。無怪乎《易傳・雜卦傳》把兩卦貫穿起來，「革，去故也；鼎，取新也。」革故鼎新這一成語也就由此而來。革，顧名思義，變革、革命，破舊立新，鼎，是用來承接革的結果的，故取意更新。

從《周易》經卦本身來看，革、鼎二卦所包含的革新進取思想，遵循著由淺入深、由表及裡的規律依次漸進。從總體上加以連貫的理解，可以更加清楚地把握其革新進取的思想脈動。

「變革」這個詞，首見於《周易》。隨著文明的進步和發展，社會必然會發生變革。《易傳》之《革卦・彖傳》說：「天地革而四時成，湯武革命，順乎天而應乎人，革之時，大矣哉！」這一思想來自《易經・革卦》：

革：巳日乃孚，元亨利貞，悔亡。

初九，鞏用黃牛之革。

六二，巳日乃革之，徵吉無咎。

九三，徵凶，貞厲。革言三就，有孚。

九四，悔亡有孚。改命吉。

九五，大人虎變，未占有孚。

上六，君子豹變，小人革面，徵凶。居貞吉。

「革」卦的卦象是離火中女在下，而兌澤少女在上，與「睽」卦剛好相反，是「澤動而上，火動而下」。情勢顛倒，必然產生變革的要求。《革卦・彖傳》說：「二女同居，其志不相得，曰革。」朱熹說：「中少二女合為一卦，而少上中下，志不相得，故其卦為革也。」（《周易本義・下經二》）二女同陰相斥，勢同水火，二者試圖消滅對方。《易傳》認為，在這種情況下，應該果斷地主動進行變革，才能結束不利的局面，「其悔乃亡」，促進事物的發展。變革的目的不是為了消滅對方，而是要達到一種剛柔各自所應處的地位上協同配合的局面。

《革卦・大象傳》又說：「君子以制曆明時。」這是說，君子根據革道，整治曆法，以明時變之序。所以程頤說：

君子觀革之象，推日月星辰之遷而以治曆數，明四時之序也。夫變易之道，事之至大，理之至明，跡之至著，莫如四時。觀四時而順變革，則與天地合其序矣。（《伊川易傳》卷四）

《易傳》認為，變革是恆久之道。所謂恆久，即既能保持事物的永恆性，又能始終循環，變化不已。《恆》卦的卦象是巽下震上，巽為柔、為順，震為雷、為剛、為動。卦的六爻，初六與九四相應，九二與六五相應，九三與上六相應。

《易傳》解釋說：「恆，久也。剛上而柔下，雷風相與，巽而動，剛柔皆應，恆。恆『亨，無咎，利貞』，久於其道也。天地之道，恆久而不已也。『利有攸往』，終則有始也。日月得天而能久照，四時變化而能久成，聖人久於其道而天下化成。觀其所恆，而天地萬物之情可見矣。」（《恆卦・彖傳傳》）

這是說，「震」為剛，「巽」為柔，剛上而柔下，尊卑所入的地位是正常的；「震」為雷，「巽」為風，雷和風是相互配合的；「震」為動，「巽」為順，動作是順應自然的；剛爻和柔爻全面相應，它們是協調一致的；這樣就合乎恆久之道。恆久之道有賴於變通以維持。

《易傳・繫辭下傳》說：「易，窮則變，變則通，通則久。」在事物矛盾著的兩個方面發生鬥爭的情況下，舊的平衡和諧調格局被打破，只有進行適當的變革才能通、才能恆久，這種恆久之道就是宇宙的永恆規律。

從中我們可以看出《周易》有關變革的基本思想。

首先，要認識規律。

革卦把變革看做自然和社會發展的規律。《易傳》說：「革而當，其悔乃亡。天地革而四時成。湯武革命，順乎天而應乎人。革之時大矣哉！」（《革卦・彖傳》）它認為，變革是事物發展的普遍規律，是「順乎天而應乎人」，這就是說，順乎天道，應乎民意的變革應看做是去穢除弊的手段。變革的目的是去故納新，變穢為清，因此，變革中必有鬥爭。「革」卦為「離」下「兌」上，即火上水下，水火相息，水滅火，火涸水，相就而相剋。可見，變革本身就意味著矛盾對立面相滅相生的鬥爭和轉化，水火不相容，這就是革的本義。

其二，要講究時機。

變革要隨時間、條件、地點為轉移，革卦一再強調要善於捕捉時機。在事物發展初期不能實行變革，「初九，鞏用黃牛之革」，初期只能用中順之道鞏固，而不能輕易變革。「變革，事之大也，必有其時，有其位，有其才，審慮而慎動，而後可以無悔」（《程易》）。有其時、其位、其才，方可變革。一段時間過後，時機成熟，到了非變革不可時，還要反覆研究，「革言三就，有孚」，最終取得人們的信任，變革就可以展開了。一定可以取得成功，所謂「巳日乃革之，徵吉無咎。」（《革卦》九二）

其三，要掌握群眾。

是說改革要獲得成功，必須抓住時機，適時變革。「革者，變其故也」（程頤），變革意味著去故納新，對陳腐的東西加以改變，「革而當，其悔乃亡」，變革適時得當，爭取大家的理解和信任，改革才能成功。因此，使人們充分理解改革的必要性，取得人們的理解和信任顯得非常重要。當然，「革，巳日乃孚」。就是說，要人們理解，必須有一個過程，並且應當允許有一個過程。「巳曰」就是代表這一段時間的。孚，信也，變革之事，絕不可能一下子得到人們的理解、信任和擁護。

其四，要把握方向。

革卦強調應使變革向好的方向發展。即天下安定，事理簡明。變革已成，上下暢通，這就是好的結局。然而，「君子豹變，小人革面」（《革卦・象傳》），群眾對變革不可能從內心真正認識其意義，不可能真正地心悅誠服，所以，人民群眾的變革只能是表面上順從君主，但內心卻並非如此。這正是君子與小人之別。君子有地位，也就是說，只有君子才能領導變革，認識變革的真正意義。這樣，所謂的變革，只不過是君子透過變革而使臣民們更加順從的手段。

但是，應該看到，革卦的變革思想也具有一定的歷史局限性。比如，它認為變革不能過分，並要能照顧新舊各方面的利益。「天下之事，革之不得其道，則反致弊害，故革有悔之道，惟革之至當，則新舊之悔皆亡也」（《程易》）。它主張「革而能明察事理，和順人心，可致大亨」，這就是要不損害統治階級的基本利益。它強調自上而下的變革。「必有其位，有其才，審慮而慎動。」只有君子才有資格變革，這就從根本上曲解了變革的意義，使其思想充滿著矛盾，主張變革又害怕變革，在一定意義上使其革命性的思想大打折扣。

當然，同時我們也應當看到，從革新思想的生成及其對後世的影響而言，革卦畢竟對變革的規律、時機、方向與結果等方面進行了初步揭示，為理論家從正面對此加以積極地詮釋，為革命家從正面加以積極地應用奠立了基礎。

㈠「順天應人」

《周易》強調變，但變的目的是為了「順乎天而應乎人」。「順天應人」語出《兌卦・彖傳》，它所揭示的是變革的必要性、重要性、變革的目的：「兌，說也。剛中而柔外，說以利貞，是以順乎天而應乎人。說以先民，民忘其勞；說以犯難，民忘其死。」意思是說內心光明正大，品性率直，待人接物平近謙和，行事就能順應天道人心，有所成就。正是在這個意義上，《周易》盛贊商湯、周武王領導的社會革命。它說：

文明以說，大亨以正。革而當，其悔乃亡。天地革而四時成，湯武革命，順乎天而應乎人。革之時，大矣哉！（《革卦・彖傳》）

意思是說，光明正大而欣悅怡然，偉大亨通而居中守正；變革適時得當，悔恨自然消逝；天地自然不斷變革而開成四季；商湯、武王推翻夏桀、商紂的社會革命，是上順天理、下應人心的正義之舉；因而變革的時機是極為重要的。

「易」就是變化，孔穎達說：「夫易者，變化之總名。」「謂之為《易》，取變化之義」（《周易正義・序》）。《易傳》也講「生生之謂易」（《易傳・繫辭上傳》）。易即變易、變革。變革的原因有三：

首先，變革是事業成功、社會進步的基礎。

「通變之謂事」，社會發展到一定程度只有變革才能通暢，只有通暢了才能使社會得到進步與發展，並使社會統治得以長久地存在下去。只有變革才有出路，才能推動社會不斷前進。

其次，變革是煥發民眾熱情、成就大業的手段。

「窮則變，變則通，通則久。通其變使其不倦，神而化之，使民宜之。」（《易傳・繫辭下傳》）只有透由改革過時的制度、政策，才能使百姓樂於進取而不知懈怠；也只有在管理實踐中不斷地發展變化，才能煥發民眾的熱情，從而投身於改革、發展的大潮中去。

其三，變革是治國、平天下與保國的必要條件。「君子安而不忘危，存而不忘亡，治而不忘亂，是以身安而國家可保也。」（同上）

接著，《周易》提出了實行變革的基本原則：順乎天，應乎人，趨於時。

一、是要順天而變。

「君子以遏惡揚善，順天休命」（《大有卦・大象傳》），「天地革而四時成」（《革卦・彖傳》），變革要根據客觀事物的發展規律進行，只有順承事物發展的客觀規律，才可滋生萬物，「應乎天而時行」（《大有卦・彖傳》）。

《易傳》指出「廣大配天地，變通配四時」，要求變通、變革適應四時的變化，並特別指出：「夫大人者，與天地合其德，與日月合其明，與四時合其序，與鬼神合其吉凶。先天而天弗違，後天而奉天時。」（《乾卦・文言傳》）要求「觀乎天文，以察時變；觀乎人文，以化成天下」（《賁卦・彖傳》）。「湯武革命，順乎天而應乎人」，把革命看做是順應當時社會發展規律的必然結果。

《孟子》也認為：「順天者存，逆天者亡。」（《離婁上》）他認為，堯將政權讓舜，既是體現天意，也是順應人心，此即「天與之，人與之」（《萬章上》）。因此，暴君違背民心，就是違背天意，人人可以誅之。孟子說：「殘賊之人，謂之一夫。聞誅一夫紂矣，未聞弒君也。」（《梁惠王下》）此即《周易》所謂「湯武革命說」。由於政權的得失取決於順天應人，他進一步提出了「悅民」說，所謂「樂民之樂者，民亦樂其樂」，「取之而燕民悅，則取之」；「取之而燕民不悅，則勿取」（同上）。並且認為君能取悅於民，雖遇危難，「效死而民弗去」（同上）。這同《周易》以「悅」釋兌，以「悅之大，民勸矣」釋「順乎天而應乎人」如出一轍。

二、是要順時而變。

「變通者，趨時者也。」（《易傳・繫辭下傳》）變革必須根據客觀環境的變化選擇適當的時機，才能取得成功，否則只會徒勞無益。認為只有隨時而變「與時行」，才可見「天地萬物之情」（同上）。一旦時機成熟，就要果斷地實行革命；否則就不能急於變易。所以，它要求「時止則止，時行則行。動靜不失其時，其道光明」（同上）。真正做到「君子以制曆明時」。

朱熹從《易》更三聖之說引發開去，提出了「世移時移，變法亦矣」的思想。「易之為書，更歷三聖而製作不同。若庖犧氏之象，文王之辭，皆依卜筮以為數，而其法則異。至於孔子之贊，則又一此義理為教而不至於卜筮也。是豈故相反哉！俗之淳漓既異，故其所以為教法者不得不異，而道則未嘗不同的」（《文集・書伊川先生易傳》）。聖人作《易》，道雖相同，但由於各時代的社會風貌不同，其教化人倫的方法也應有所變化。

三、是要應乎人。

「因貳以濟民行，以明失得之報」（《易傳・繫辭下傳》）。改革的目的是為了促進社會的進步與發展，所以，改革的受益者包括統治者，也包括廣大被統治者。因此，改革是否符合廣大民眾的利益，能否滿足廣大人民群眾的願望，能否滿足他們的需要，是變易改革成敗的關鍵，因為「天地養萬物，聖人養賢以及萬民」（《頤卦・彖傳》）。所以，《周易》在順乎天、順乎地、趨於時的基礎上，還強調應乎人，以滿足廣大民眾的願望、利益與需要。它指出「是故聖人以通天下之志，以定天下之業，以斷天下之疑」，主張「明於天之道，而察於民之故，是興神物以前民用」（《易傳・繫辭上傳》），要求變革變易以明察民情為基礎，在此基礎上而「使民不倦」、「使民宜之」，並能充分發揮人道的作用。

歷代易學家對此從不同角度進行了進一步的闡釋。

其一，漢易從易變即氣變的角度論證了變革的目的是為了順乎天、應乎人。

「變易者，其氣也。天地不變，不能通氣。五行迭終，四時更廢。君臣取象，季節相合，能消者息，必專者敗。君臣不變，不能成朝，紂行酷虐，天地反，文王下呂九尾見。夫婦不變，不能成家。妲己擅寵，殷以之破。天任順季，享國七百，此其變易也」（《黃氏逸書考》）。

意思是說，易變實質上是氣變，天地萬物處於不斷變化之中。如「不能通氣」，陰陽五行之氣的輪轉一旦中絕，則一年分不出四季變化了，並且由自然規律推及君臣、父子、夫妻關係，以至周代商立的社會代遷。

其二，王弼從義理的角度論證了變革的必要性。

他本《雜卦》取義說，以革卦為去故，以鼎卦為取新。「亨者，鼎之所為也。革去故而鼎成新，故為烹飪調和之器也。去故取新，聖賢不可失也。飪，孰也。天下莫不用之。而聖之用人，乃上以亨上帝，而下以大亨養聖賢也」（《周易注・鼎》）；但《彖》文則主義生象說，認為鼎卦離上巽下，離為火，巽為木，木在火下，乃烹飪之象。王弼認為此乃「鼎」之用。鼎所以有此功用，因為鼎的義理在於「取新」或「成新」；就飲食說，用來調和各種味道，成為一種新的美味。

按此說法，鼎卦之象出於「成新」之義。革故立新之後，人各安其位、服其事，才能使不可變之事保存下去。

其三，范仲淹直接由《周易》的變易理論引申出政治改革的必要性和重要性。認為《周易》的「大旨」就在「變易」。他說：「聖人設卦觀象，窮則變，變則通，通則久，非知其變者其能久乎？此聖人作易之大旨。」（《范文正公文集》）他還說：「天下之理有所窮，則思變能之道；既能變通，則成長久之業。我國家……官壅於下，民困於外，夷狄驕盛，盜賊橫熾，不可不更張以救之。」（同上）

范仲淹喜讀《周易》和《春秋》，他談改革的文章和奏疏，始終把《周易》作為改革的理論武器。他的《易義》、《窮神知化賦》、《乾為金賦》等篇更是集中闡發了《周易》的義理。他說：「惟神也感而遂通，惟化也變在其中。究明神而未昧，知至化而無窮。通幽洞微，極萬物盛衰之變，鉤深致遠，明二儀生育之功。大《易》格言，先聖微旨，神則不知不識，化則無終無始，在乎窮之於此，得之於彼。」（《范文正公文集》別集）

這裡把變易看做無窮無盡、無始無終，並且認為是一條客觀規律，而且這條規律載入《易經》，經過「先聖」肯定。然後，他進一步指出，變易、變革是先王、聖人確立的普遍原則，甚至可以「百代為憲」（同上）。

其四，歐陽修認為「《易》道佔其變」，進而將「物極必反」作為處理人事問題的基本準則。

「凡物極而不變則弊，變則通，故曰吉也。物無不變，變而不通，此天理之自然也，陰陽反覆，天地之常理也」（《明用》、《易童子問》）。他認為，《周易》所揭示的「變」乃天之常道，天地萬物在對立矛盾中變化不息的理蘊。「我聞陰陽在天地，升降上下無時窮」（《答楊辟喜雨長句》）。他釋恆卦說，「恆之為言久也，所謂窮則變，變則通，通則久也。久於其道者，知變之謂也」（《易童子問》）。

從這一自然法則得出「聖人者尚消息盈虛而知進退存亡者也，故曰聖人久於其道而化成」的結論（同上）。《易經》的剝卦，艮上坤下，陰盛陽衰，他認為這是「君子止而不住之時也」（同上）。但物極必反，「剝盡則復，否極則泰，消必有息，盈必有虛，天道也」（同上）。聖人依據「天道」法則，能順應時勢，待時以動。君子固窮不失去信心，「困極而後亨」，「物極則反，數窮則變，天道之常」的明證。這樣解釋《周易》的變通思想，直接為慶曆新政提供了哲學理論根據，表現了改革派對改革充滿著希望和信心。

㈢「革故鼎新」與現代改革意識

《周易》所包蘊的革故鼎新的社會革新思想，在今天的社會改革中帶來了民族意識的新覺醒，給通變騰飛的中華民族的改革事業以良久的啟迪。

首先，明確方向。

改革的目的是為了解放生產力，最終達到共同富裕。歷代統治者都把國泰民安、江山永固作為為政的最高目標。而今，社會主義生產的目的，則主要是解決落後的社會生產與人民群眾不斷增長的需要之間的矛盾。興利除弊，克服平均主義等弊端，極大地調動人民群眾的積極性和創造性，使社會主義充滿生機與活力。因此，改革首先從經濟體制改革發軔。打破大鍋飯，在廣袤的農村，推行家庭聯產承包責任制；在城市國有大中型企業，積極推行現代企業制度和運作方式，對內搞活，對外開放。隨著改革的深入，生產力將會得到極大的解放。

其次，抓住時機。

在新的歷史時期，國際間日漸緊密的聯繫將世界日益整合為一個休戚與共的統一體，使我們當今的改革開放事業有可能步入全球發展的快車道，而抓住時機，實行全盤的經濟結構調整與社會變革，對我們的現代化建設有著至關重要的意義。日益呈現多極化趨勢的世界格局，又為我們的改革開放事業提供了千載難逢的安定的國際環境。革故鼎新絕不是無知盲動，胡亂變革，而要明察時勢。抓住這個大好的時機，我們的改革一定會左右逢源，呈現出生機與活力。

其三，順天應人。

「民之所欲，天必從之」。遵循社會發展的客觀規律，順乎民意地進行變革，才能真正得到人民群眾的擁護。孟子說的「天時不如地利，地利不如人和」，意在強調

「應人」的重要性甚至勝過「順天」的重要性。《周易》多次提及「與時偕行」的行為原則，這是在強調「順天」。

《咸卦·彖傳》又說，「聖人感人心，而天下和平」，這是在強調「應人」。而「順天」實質上也是為了「應人」。《周易》主張人在任何時候都應遵循「順天應人」的最高行為準則，這樣才能萬事順遂，吉祥亨通。今天的改革要取得成功，也必須遵循「順乎天而應乎人」這一根本的原則。

四、稱物平施，明罰敕法

規範人們的行為維護社會穩定的途徑無外乎兩種：道德約束和法制建設。在《周易》中更多提及的是道德約束，如《漸卦·大象傳》曰：「山上有木，漸。君子以居賢德善俗。」因為這是約束社會上絕大多數人的一種自律性規範。同時，《周易》也提出「明罰敕法」，強調用法制的手段來約束少部分違法亂紀者，認為不要因為約束的只是一少部分而忽視法制建設。強調兩者對於治國平天下是極為重要的、不可偏廢任何一方。

今天我們在加強社會主義精神文明建設的同時，也加強了社會主義民主法制建設，直接承傳了易學中的人文精神，同時在某種意義上，今天更加注重法制建設，給這種精神賦予鮮明的時代特徵。

㈠「稱物平施」的公平意識

「稱物平施」是君子效法自然親證到的處世法則，體現了公平意識。語出《謙卦・大象傳》：「地中有山，謙。君子以裒多益寡，稱物平施。」意思是說，地中有山，這是「謙」卦的卦象。君子效法「謙」的精神，以減損有餘而增益不足，稱量事物的均衡而作平等的施予。無論個人或天下，都是需要求得真正的平等，才可相安無事。高山所以成其高，無非是一粒一粒沙土累積而成。故要體會「地中有山」之平，才是「謙」卦「稱物平施」的精義所在。

《謙卦・彖傳》則有更進一步的闡釋，曰：「謙，亨。天道下濟而光明，地道卑而上行。天道虧盈而益謙，地道變盈而流謙，鬼神害盈而福謙，人道惡盈而好謙。謙，尊而光，卑而不可逾，君子之終也。」

意思是說，「謙」卦是亨通的，因為它象徵天道的德性，光明普照下方，毫無私欲而周濟萬物；又象徵地道卑景容物的德性，隨時長養萬物而運行不息。天道的規律，是虧損盈滿而增益謙虛；地道的規律，是變動滿盈而流入謙下；鬼與神的道理是損害滿盈而福佑謙讓，人本能地厭惡滿盈而愛好謙退，所以謙的德性，尊貴而有光輝，雖然卑退，但不可以超越規矩。這便是君子學問、德業、修養善始善終的結果。

「謙讓」、「謙退」、「謙虛」等觀念是君子立身處世的基本準則，是建功立業的基礎和前提。《周易》所述六十四卦，吉凶都互有消長，從無全吉或全凶的卦象。比較起來，惟有「謙」卦，才是六爻皆吉的卦。可見謙德的確無所不利。孔、孟的成仁由義，便是「謙」卦所謂「稱物平施」的平治精神的承續；佛家的慈悲布施以度眾生，也無非是「謙」卦「裒多益寡，稱物平施」的發揚；老子：「天之道，其猶張弓與？高者抑之，下者舉之，有餘者損之，不足者補之。天之道，損有餘而補不足」，而人之道應法自然天道的思想，更是「謙」卦精神的體現。但必須了解該卦謙德持平的道理，知道六四爻「謙，不違則」的重心，才是謙德的規範。否則，過此以往，便不能持平而又有所偏差了。

研究中國人文精神以及中華民族的特性，對此不得不再三留意，切勿執著謙的偏道而論，最為重要。《易傳・繫辭下傳》曰：「小人不恥不仁，不畏不義，不見利不勸，不威不懲。小懲而大誡，此小人之福也。《易》曰：『屨校滅趾，無咎』，此之謂也。善不積不足以成名，惡不積不足以滅身，小人以小善為無益而弗為也，以小惡為無傷而弗去也，故惡積而不可掩，罪大而不可解。《易》曰：『何校滅耳。凶。』」從人性論的角度闡發了刑罰實施的必要性。

在如何行使刑罰，以稱物平施的問題上，《周易》對統治者自身具備的素質作了要求。《臨》卦集中體現了這一思想。

「臨」本義是居高臨下，所謂君臨天下，就是取其含「統治」意味。其初九爻的爻辭是「咸臨，貞吉」。「咸」即「感」，「咸臨」即「感臨」，意為統治者應以自身的高尚品德，人格感召，感化下屬及臣民。這也就是後世所說的「以德臨民」。《易經》的作者認為這是一種好的統治方法，所以有「貞吉」的斷占辭。

九二爻的爻辭是「咸臨，吉，無不利」。本爻爻辭的「咸臨」與初九爻辭的「咸臨」字同而義異。高亨先生認為本爻的「咸」字是「威」字之誤，很有道理。所以本爻爻辭的「感臨」實為「威臨」。「威臨」即統治者充分使用自己的權利和運用自己的權威，以對下屬及臣民形成一種威懾力量。統治者要利用手中的權利和統治者的威嚴來實施統治。這也就是後世人所說的「以威臨民」。《易經》的作者認為這也是一種好的統治方法，所以有「吉，無不利」的斷占辭。

六三爻的爻辭是「甘臨，無攸利。既憂之，無咎」。「甘」借為「箝」、「甘臨」即「箝臨」，意為採用高壓政策和手段實施統治。作者認為這不是好的統治方法。所以有「無攸利」的斷占辭。但任何事情都不是絕對的。如果統治者能看到「甘臨」的弊端，小心謹慎地施行「甘臨」之術，或者經過對客觀情況的深思熟慮後再施行，也是沒有什麼害處的，即「既憂之，無咎」。

六四爻的爻辭是「至臨，無咎」。「至臨」即統治者要躬親政治，親自過問、處理軍國大事。只有這樣，才不會出現問題和麻煩。這一條也是很重要的。現代學者也強調領導者的「至臨」問題。歷史上有許多帝王將相，就是因為迷於酒色，貪圖享樂，把軍國大事全都委於近臣處理，以至於形成了大權旁落、「比之無首」的局面。

六五爻的爻辭是「知臨，大君之宜，吉」，「知」即「智」。「知臨」即「智臨」，即統治者要用自己的聰明才智實施統治，治理天下。《大壯》卦九三爻爻辭中的「小人用壯，君子用罔」說的也是這個意思。六四爻爻辭強調統治者要躬親政治，本爻爻辭則說明了統治者的躬親政治不是事無巨細，什麼事都要親自過問、處理，更不是要統治者去做一些具體的工作。而是要求統治者運用自己的聰明才智躬親政治，實施統治。

統治者要做自己應該做的工作。例如，對重大問題進行決策、制定政策、選人用人等。這就要求統治者必須具備廣博的知識和超人的智慧。

上六爻的爻辭是「敦臨，吉。」「敦」即「惇」，「敦臨」即統治者要以敦厚之心對待下屬及臣民，要關心他們的疾苦和工作中遇到的問題、困難，要容忍他們的過失。這樣才能大吉大利。

這些見解，在今天看來其意蘊也是非常深刻的。現代領導學認為，領導者實施領導的過程，實質上是向被領導者施加影響力的過程。領導者的影響分為自然影響力和強制性影響力兩種。自然性影響力產生於領導者光輝的業績、較深的資歷、豐富的領導經驗、卓越的領導才能以及較高的道德修養。因而能喚起被領導者自然而又積極的行為動力。強制性影響力產生於領導者的權利，與領導者的業績、資歷、領導經驗、領導才能以及道德水準無關。它雖不能喚起被領導者自然而積極的行為動力，但對於確保領導者對被領導者實施領導卻是必須的。

初九爻和「咸臨」蘊含著領導者要向被領導者施加自然性影響力的思想。九二爻的「咸（威）」則蘊含著領導者應向被領導者施加強制性影響的思想。現代領導學也非常強調「知臨」，要求領導者要做自己應該做的工作。領導者要做好自己的工作，必須具備廣博的知識和超人的智慧。因此，領導者必須增強學習的自覺性和積極性，並在領導工作的實踐中不斷積累經驗，提高自己「知臨」的能力。❶

㈡「明罰敕法」的法治精神

《周易》的法治意識是早期社會矛盾在上層建築領域的必然反映，是維持社會存在、燮理社會關係的內在需要。《易經・訟卦》即是爭訟的一卦。訟，即爭訟、引申為鬥爭。經過爭訟，得到俘虜，但要警惕，中期平安，終有凶險。筮遇此卦，利見大人，不利涉大川。做事不持之以恆，虎頭蛇尾，難免遭受小的譴責，但結果吉利。訴訟失利，回到家裡，邑人（奴隸）已逃亡三百戶，但未造成大難。猶享受世襲俸祿，堅貞自守，以防危難，終吉。或順從君王之事，無敢居其成。訴訟失利，回到家中，遵從王命，改變態度，終得平安。爭訟得勝，大吉。君王賜以鞶帶，遭到反對乃至一日三賜三奪，足見爭訟激烈。

這段經文，反映了激烈的鬥爭，或圍繞訴訟進行，或圍繞權力展開。在鬥爭中有的失利，導致傾家蕩產；有的取勝，得到國君的賞賜。有的安分守己，沒有受到衝擊。總之矛盾極其尖銳。

「明罰敕法」是《周易》人文思想在法制領域的生動體現，這一法治觀尤其在先秦法家那裡看到了著力弘揚。歷史上大凡英明的政治領袖和審時度勢的改革家，也都在理論上承續、並豐富發展了這一人文傳統，對法制的制定、施行採取肯定、積極的態度；並且在政治改革的實踐中身體力行地奉行了這一人文傳統，使法治精神在中國一直賡續不輟、未曾中絕。儘管原始儒家主張「德治」而輕忽「法治」，但事實上，從理論層面而言，後來儒學的發展仍然兼容了法治的精神；從實踐的層面而言，帝王將相們總是德刑並施的。

中國幾千年的文明史證明：法制的昌明與淆亂是社會治亂的分水嶺。統治者也是深諳此道的。更何況，由《易經》發端的易文化傳統不能簡單地等同於儒家傳統的，其中蘊含著的法治精神是我們今天仍然值得珍視並大加弘揚的寶貴資糧，易文化法治精神必將在新的歷史條件下更加燦爛，更加豐富多彩。

「明罰敕法」是先王效仿自然而制定的調適社會的規範，體現了法治精神，語出《噬嗑卦・大象傳》：「雷電，噬嗑。先王以明罰敕法」。意思是說，雷電交擊，猶如「唇齒相合」，古聖先賢們體察這種現象，引而申之，用以嚴明刑罰，端正法律，以整肅社會、消除矛盾，達到政治的亨通。

從理論上發揚法治精神的是法家，從實踐上弘傳法治精神的是具有法家精神的政治改革家。例如，韓非子作為先秦法家的代表，便從理論上闡釋了法治在社會生活中的重要性，體現了易「明罰敕法」的精神。他說：

聖人不期修古，不法常可，論世之事，因為之備。故聖人議多少，論薄厚，為之政。故罰薄不為慈，誅嚴不為戾，稱俗而行也。故事因於世，而備適於事。明主之道，一法而不求智，固求而不慕信，故法不敗，而群官無奸詐矣。（《韓非子・五蠹》）

可以說，韓非確立了法治精神的三個原則：

其一，法規的制定要因時則變，沒有一成不變的成規。聖人不期望遵循效法古代舊律，而是分析研究當代的事情，根據現實來制定措施；

其二，刑罰的輕重裁決要因事而定。聖人要斟酌物資的多少，分析權勢的大小，然後視具體情況制定統治國家的方針政策。所以刑罰輕不算仁慈，責罰嚴不算暴虐，都是適應實際情況而行事，隨著時代變化而變化；

其三，惟法是尊，有明顯的排儒傾向。英明的君主治理國家的原則和方法，是專一實行法治而不求什麼智者執政，牢牢掌握法治而不仰仗所謂的貞信之士。所以法制不會敗壞，而官吏們也不會有什麼奸邪行為了。

法家從哲學上肯定「動」，肯定「變」。在社會思想上，認為變革是合理、進步的。他們的治國思想重「法」、重「術」、重「勢」。「法」指成文的法令；「術」指統治藝術、管理手段，也可以說是權術。「勢」指權威。法家認為，人性本惡，所以法不能保民。要立國，必須將「法、術、勢」三者緊密結合起來。以暴平暴，以殺禁殺，才能保持穩定的社會秩序。故而法家思想常作為統治者武的一手（參見謝玉堂《〈周易〉哲理與現代權力決策層次的最佳組合》）。

商鞅則從君王推行賞罰的基本原則論證罰在治之道中的重要性，商鞅進一步發揮了「明罰敕法」思想中的權變傾向。他認為：「治國刑多而賞少。故王者刑九而賞一；削國賞九而刑一。夫過有厚薄，則刑輕重；善有大小，此二者，世之常用也。」（商鞅《開塞》）

意思是說：治理得好的國家，刑罰用得多而獎賞用得少。所以統一天下的王者，刑罰佔九分而獎賞只佔一分；衰敗的國家則正好相反，獎賞就有多有少，兩者是世上能行的法則。

這在尚處於半蒙昧狀態的奴隸社會來說，是符合當時時勢的。商鞅說：

重罰輕賞，則上愛民，民死上；重賞輕罰，則上不愛民，民不死上。與國行罰，民利沮喪；行賞，民利且愛。行刑重其輕者，輕者不生，重者不來。國無力而行知七者必亡。怯民使以刑必勇，勇民使以賞則死。怯民勇，勇民死。國無敵者強，強必生。貧者使以刑則富，富者使以賞則貧。治國能令貧者富，富者貧，則國多力，多力則王。（商鞅《去強第四》）

重罰輕賞，就是國君對人民的愛護，人民也就能為國君效命；反之，重賞輕罰，就是國君不愛護人民，人民也就不願為國君效命。強大的國家用刑罰，能使人民既得利又畏懼；用賞賜，能使人民既得利又喜愛。對犯輕罪的實行重刑，輕罪就不會發生，重罪就更不會出現。國家不強大還要玩弄奸謀巧詐，必然要衰亡。

對膽怯的人施以嚴刑，一定會使他勇敢起來；對勇敢的人施以獎賞，就肯為國君效死。膽怯的人勇敢了，勇敢的人肯效死，國家就強大無敵，國家強大就一定可以稱王於天下。大國可以利用各種手段重新分配社會財富，創造新財富，以提高國力稱王天下。

作為一個改革家的劉禹錫，其基本哲學觀點是「天人不相與」，表現在其法制思想上則是「人能勝天者，法也」，天無法而人類社會有法，認為法制是維護社會秩序的有力武器，是抑惡揚善的工具。他說：

人能勝於天者，法也。法大行，則是為公是，非為公非，天下之人蹈道必賞，違善必罰。當其賞，雖三旌之貴，萬鍾之祿，處之咸曰宜。何也？為善而然也。當其罰，雖族屬之夷，刀鋸之慘，處之咸曰宜。何也？為惡而然也。（《天

論上》）

意思是說，人能制定、執行法制。法制普遍推行，孰是孰非就有了大家共同認同的評價標準，天下的人遵紀守法就一定會受到獎賞，違法亂紀的人將一定會受到懲罰。獎賞得當，即使是把三公那樣尊貴的地位，一萬鍾米那樣多的俸祿賞給他，大家都說得當。為什麼呢？因為這是對他善行的回報；處罰得當，即使滅族和砍頭的刑罰加給他，大家都說得當，為什麼呢？因為這是他罪有應得。很顯然，易學所論的天、人、法的關係在這裡得到了具體的體現和發展。

王安石作為政治家、改革家，以其遠見卓識指出對先王的法制加上繼承的精義所在，是繼承其法治的精神，而不是其具體內容，在這一點上體現出易學「變易」與「不易」的辯證關係。他說：

> 夫以今之世，去先王不世遠，所遭之變，所遇之勢不一，而欲一一修先王之政，雖其愚者猶知其難也。然臣以謂今之失，患不在法先王之政者，以謂當法其意而已（《上仁宗皇帝言事書》）。

意思是說，今天所處的時代，距離古代明君聖主的時代已經很遠了，所遭到的變故，所遇到的形勢也發生了變化，如果無視現實情況而盲目效法古代明君聖主的政治法律制度，即使是傻子，也知道是很困難的。法律制度要因時而化，而立法的精神應該是一致的。

張居正的法治思想具有溫和的改良色彩。「法不可以輕變也，亦不以苟因也。苟因則承敝襲舛，有頹靡不振之虞，此不事事之過也；輕變則厭故喜新，有更張無序之患，此太多事之過也。」「夫法制無常，近民為要；古今異勢，便俗為宜。」（張居正《辛未會試程策》）

意思是說，法制不可以隨意因襲，也不可以輕易改變。沿襲可能導致頭腦僵化，萎靡頹敗；輕易改變，則生更張無序之害。古今情勢不同，要基於現實需要與可能善於處理常與變的辯證關係。

㈢「明罰敕法」與法治社會

德治與法治的爭論在中國歷史上經歷了一個辯證否定的進程。道德和法律都是作為調節社會關係、維護社會秩序的重要工具，二者都不可偏廢。在《周易》中，已有重法的傾向，夏商周三代統治者對於法律、刑罰都是很重視的。但是，殷商因失德而亡國的前車之鑑，使西周統治者開始逐漸提倡德治，對道德的功能作了高度的肯定。孔子更有「尚德不尚刑」的傾向。然而，後世更有以此作為對秦尚法而迅速崩潰的深層反思基礎上的結論。

事實上，這一傾向在內容上經歷了「為政以德」到「德刑並施」的悄然變革，在「尚德不尚刑」的旗幟下，批判繼承、邏輯整合了法家法治觀的合理成分。道德理性與工具理性融合無間，從而使對社會整飭的手段更趨全面和完備。這一思想在今天仍然具有重要意義。

現代社會是法治社會，完善社會主義法制體系，加強執法的力度，提高執法質量與水平是當務之急。《周易》的法制建設思想即使用今天的眼光來看，也還是具有積極的借鑒意義的，這是因為《周易》有一套明確的法制建設思想。

第一，法治最高宗旨是為了「遏惡揚善」（《大有卦・大象傳》），堅決有效地遏制一切損人利己的惡行，並使有益他人的善舉能夠發揚光大。

第二，要力求做到「明罰敕法」（《噬嗑卦・大象傳》），法律一定要嚴明整肅，不留空子，不得徇私。

第三，在「折獄致刑」（《豐卦・大象傳》）執行法律時，要「明慎用刑」（《旅卦・大象傳》），乾脆俐落，並應德法並用，重視教化，對棄惡從善、改過自新的人要「赦過宥罪」（《解卦・大象傳》），寬容赦免。同時，《周易》還指出「議獄緩死」的原則，即對死刑犯不立即用刑，而是緩期執行，以便教育感化，觀其後效。

改革開放需要安定團結的社會環境，市場經濟體制的成熟需要強調大的法制保障。加強經濟立法則是重中之重。在經濟工作中出現的違法甚至貪污腐化現象更是屢見不鮮。為什麼會有人鋌而走險，「前赴後繼」地以身試法呢？其根本原因就在於處罰力度不夠，更有甚者在執法過程中有人治代替法治的現象。只有真正落實「有法可依，有法必依，執法必嚴，違法必究」的十六字方針，才有可能遏止這種勢頭，確保社會穩定發展，保障人民群眾的合法權益不受侵害。

子曰：「道之以政，齊之以刑，民免而無恥；道之以德，齊之以禮，有恥且格。」（《論語・為政第二》）

意思是說，用政令來管理百姓，用刑罰來約束他們，老百姓只能免於犯罪，但不知道犯罪是可恥的；用道德去教化百姓，用禮教來制約他們，百姓便不但有羞恥之心，而且能自己糾正錯誤。

在法治與德治的問題上，孔子更強調道德的教化作用，這一方面有其時代的原因。同時，道德是約束社會上絕大多數人的行為規範，即使在今天看來，也仍然具有一定的合理性。但是，在金錢搖身變成上帝，人日益成為上帝奴僕的今天，道德滑坡趨勢日漸嚴重。因此，我們更應該加強法制，以維護社會的穩定。為社會主義精神文明建設提供一個強有力的保障。

朱鎔基總理信奉一句古訓：「民不服吾能，而服吾公；吏不畏吾嚴，而畏吾廉。公生明，廉生威。」在執法過程中要樹立法律武器的威信，執法者首先必須廉潔奉公；而廉潔奉公，又必須從嚴治吏。

韓非子提出了「明主治吏不治民」（《韓非子・外儲說上》）的著名論斷，因為統治者治理國家往往是透過官吏的行政活動而實現的。在目前，要旗幟鮮明地反對腐敗，最為迫切的是要加強國家公務員立法，尤其是加大對行政執法活動的監督力度。這一點歷代法家多所論列。如《秦律》大都是針對官吏而制定的，其中有兩個專門適用於官吏的刑罰原則。

其一是責任懲罰制原則。即在同一官府任職的官吏，各自承擔其所主管方面的責任。懲罰的根基是官吏所負的責任，無責任不懲罰。這一原則的根據是秦實行的官吏責任制、官吏考核制，以法律的形式將各級、各部門官吏的職權職責固定下來，要求官吏各行其職，各負其責，並定期予以檢查，予以獎懲。

其二是「追訴時效」原則。即官吏離職或調任後，如對其在職時所犯的罪或對其下屬犯罪負有責任（犯罪時所居之職）與否限制，只要活著，就追究其刑事責任（武樹臣、李力《法家思想與法家精神》）。

應該指出的是，由於易文化傳統中儒學思想在歷史上事實上的強大影響，法治精神總是處於德治的輔助地位，儘管有不少先進的理論家和開明的政治家以其卓越的睿智竭力發揚法治精神，但法治精神從總體而言，總是和德治精神不即不離，總是和人治攪和在一起。因此，今天我們須從理論上加以澄清，在實踐中加以剝離，繼續弘揚易文化傳統中的法治精神。

五、備物致用，聚人以財

「備物致用」、「聚人以財」是易學經世致用人文思想在管理決策、理財方式層面的重要體現。《周易》在展開其理財原則時十分強調「義」的作用，認為管理者、領導者以「義」才能聚財，「聚人以財」，把聚財的過程還原為聚人。指出人聚財聚是順理成章的。其中人的道德素養又佔十分重要的地位，只有具備容民、畜民、保民、悅民胸懷的統治者，只有具備厚下、施祿及下、損上益下、知節制、有德行的管理者，才能獲得「保合太和」、「盛德大業」的成就。

㈠「聚人以財」以「備物致用」

《屯卦・大象傳》曰：「雲雷，屯。君子以經綸。」「屯」卦「坎」上「離」下，有雲湧雷動之象，象徵開天闢地之初的艱難，有為君子應以天下為己任，擔負起籌劃天下大事的責任，「備物致用，聚人以財」，應是聖人君子責無旁貸的義務。

「備物致用」語出《易傳・繫辭上傳》：「是故法象莫大乎天地，變通莫大乎四時；懸象著明莫大乎日月；崇高莫大乎富貴；備物致用、立功成器以為天下利，莫大乎聖人；探賾索隱、鉤深致遠，以定天下之吉凶，成天下之亹亹者，莫大乎蓍龜。」

唐孔穎達《正義》疏：「謂備天下之物，招致天下所用，建立成就天下之器，以為天下之利，惟聖人能然。」意思是說，只有聖人才有能力聚積天下所有的財物，以適天下人之用；設立完成天下所有的器具，為天下人謀取福利。

備物致用的關鍵在於聚人以財。「聚人以財」語出《易傳・繫辭下傳》：「天地之大德曰生，聖人之大寶曰位；何以守位曰仁，何以聚人曰財。理財正辭、禁民為非曰義。」

這就是說，天地的最大功能是化生萬物，聖人的最大寶物為權位。用仁來守位，用財來聚人。值得指出的是，此處仁、人相通。以仁守位、以財聚人，管理財物有節，則物盡其用，財用有餘；以端正言辭教民，則民知理守度，社會安穩。禁約其民為非僻之事，勿使行惡。

這段話的意思是說：「天地之大德曰生」，聖人效此貞一之道，以義理財，以財聚人，得人則可守大寶之位。把義與財、義與利有機結合、統一起來。

《周易》以「盛德」、「大業」為目標。「《易》其至矣乎！夫《易》聖人所以崇德廣業也。」（《易傳・繫辭上傳》）「崇德」、「廣業」兩者是同時並重的，其中，崇德是修己的功夫，廣業是立業的實踐。崇德是廣業的條件，廣業是崇德的外化，二者緊密相關。所以《易傳》說：「盛德大業至矣哉！富有之謂大業，日新之謂盛德。」（同上）盛德大業是對君子品德和事業兩方面的要求。

「盛德」是對統治者的要求，也就是要「為政以德」。對於帝王來說，「普天之下，莫非王土，率土之濱，莫非王臣」。他們同時擁有土地與民眾，但是因為有民就意味著有土，所以要重民，以民為主；廣業主要是光大帝王君主之業，其首要任務和主要內容是如何統治人民，也就是程頤所說的「治養庶類」（《程氏易傳》）、治民養民，《臨卦・大象傳》所謂「君子以教思無窮，容保民無疆」。

「大業」是《易經》追求的目標，亦是《易傳》追求的理想。大業是事業，「舉而措之天下之民謂之事業」，「富有」，即經濟強盛。由此我們就可以理解為什麼盛德大業並稱，因為盛德作為一種德治政治必須有經濟為基礎來作保障，這樣才能「以財聚人」，所以財成了富有的代稱。

具體來說，「富有之大業」的主要內容有兩個方面：

一是重農業兼顧工業商業。

古代文明以農立國，十分重視農業，體現在《易經》中，如提倡開墾荒地、種植糧食，反對「不耕獲；不菑畬」（《易經・無妄卦》六二爻）。要求「斫木為耜，揉木為耒，耒耨之利，以教天下」，提倡由製造農具加快農業發展，並要求發展漁業即「作結繩而為網罟，以佃以漁」（《易傳・繫辭下傳》）。

發展農業是我國古代社會的傳統，然而這種情形在春秋時的齊國發生了變化。齊國由於管仲的大力改革把工商業當成經濟支柱，這一思想在《易傳》中得到了繼承和發揚。這表現為《易傳》在重視農業的同時兼顧工商業的發展。其工業主要是手工業，如製造農具、舟車、弓矢等等，這是實現工業所必須的，故《易傳．繫辭上傳》講「備物致用，立功成器，以為天下利」，這就是說要製造出足夠的器具供人們使用，從而為人們的生產帶來便利以實現富有之大業，正所謂有工而富。發展商業也是《周易》追求富有之大業的重要組成部分。《易傳．繫辭下傳》講「日中為市，致天下之民，聚天下之貨，交易而退，各得其所」，由於農工商品的相互交流，促進了社會經濟的發展，使大業得以實現。

二是要善於理財。

重農業兼顧工商業可以說是富有之源，無農、無工、無商就談不上富有，談不上有財，更談不上什麼大業。但是，有了農工商業的發展和一定的經濟實力，還並不等於富有，還必須善於理財。一方面，要使財物盡所用，「理財、正辭、禁民為非」，理財即指管理財物，「用之有節」（《周易正義》）。另一方面，崇尚節儉，反對奢侈。《易傳》指出君主應「節以制度，不傷財，不害民」，臣民應「以儉德辟難」。「安節之亨，承上道也」（《節卦．彖傳》），即讓百姓以艱苦樸素勤儉節約的美德去克服困難，而統治者則節儉顧民「損上益下，民說無疆；自上下下，其道大光」（《益卦．彖傳》）。

這一思想傳統在爾後得到了進一步的弘揚。

孔子認為，「道千乘之國，敬事而信，節用而愛人，使民以時。」（《論語・學而》）意思是說，治理一個大國，應該嚴肅、認真、審慎，要講信用，節約社會財富，愛護官吏，讓老百姓服勞役要慮及農業生產、不誤農時。旨在勸誡管理者：第一，態度要恭敬，要有強烈的事業心和責任感；第二，舉動要謹慎，考慮要周全。

實際上是對一個管理者需要具備的素質做出了規定，即德才兼備才有可能成為一個合格的管理者，其思想體現了易學對君子的基本要求。

王弼則在政治上提出以靜制動說。他注「屯」卦初九爻辭「磐桓，利居貞，利建侯」。「夫息亂以靜，守靜以侯，安民在正，弘正在謙。屯難之世，陰求於陽，弱求於強，民思其主之時也。初處首而又下焉，爻備斯義，宜其得民也。」（《周易集解》）就是說，屯難之時，剛柔始交，象徵經過動亂人心思靜，民思其主，弱者要依屬於強者，即陰求於陽。屯卦安九，乃強陽之義，與六二始交，即民心思靜，弱求於強之時，所以王侯應守靜息亂，他強調守柔不爭，無為而治，實際上是很難實現的一種境界。

㈡「備物致用」須「聚人以財」

《易傳・繫辭下傳》有所謂「貞勝」之說，認為吉與凶所代表的陰陽對立面總是在互相爭勝負，其結果往往是一顯一隱，雙方不可能同時發揮支配作用，這就叫做「貞勝」和「貞夫一」。在論證了這一哲理思想之後，接著就聯繫到國家的經綸治理。

從天地的自然規律說，由於陰陽爭勝與相互轉化，才使日月四時運行而萬物生生不窮；從人類的社會規律說，由於「社稷無常奉，君臣無常位」上下尊卑的互動，才有了歷史的發展。在這種情勢下，聖人認為大可寶貴的東西莫過於政權。也就是說，誰得了政權誰就居於正位，誰丟掉政權誰就轉向隱蟄。

守住政權而久居正位的根本在於得眾望之所歸，在於有財物以生息萬民。因此，「理財正辭」是最重要的。「理財」即對國家財政的管理，稅收法度必須適中合理。「正辭」，即一切政令和教化措施必須保持清明。這兩項事做好了，百姓就能夠遵紀守法、安居樂業，一切都安排得很適宜，就叫做義。這樣社會就能安定，可以保持政權的「貞夫一」。

《繫辭傳》從陰陽爭勝的輪轉變化中受到啟示，指出了政權建立的核心是透過一系列措施以爭得民心，在經濟上輕徭薄賦，在政治上以民為本。為此，它提出了一整套「聚人以財」的政策。

首先，容民、畜民。

《師卦・大象傳》說：「地中有水，師。君子以容民畜眾。」「師」，下「坎」

上「坤」。「坎」為水，「坤」為地，卦象是水積蓄於地中。師卦為言興師動眾去出征。就興師動眾出征說，民為兵之本，只有平時容民畜民加大地之蓄水，戰時才會兵多將廣用之而不竭。軍隊是國家政權的主要支柱。因此，容民、畜民，對封建國家政權的穩固有著直接的關聯。

其次，保民。

《臨卦・大象傳》說：「澤上有地，臨。君子以教思無窮，容保民無疆。」《臨》「兌」（澤）下「坤」（地）上，卦象是澤水之上有陸地。如果澤水在陸地之上，則必有堰堤防範而澤水的容量有限。澤水之上還有陸地，是自然形成的大澤，其容量無限，而且澤水與陸地互相臨近無間，土是寬厚的，水是柔順的，二者相親相得。坤地居上俯臨兌澤，有居上臨下之義。

以自然推論人事，君子觀此象而效法之，應該像澤水與陸地那樣上下互相臨近，教化和思念民眾無盡無休，容納和保護民眾勿有止境。君王臨治下民，應採取教化的方法；以德政容民、保民。對此，元人胡炳文有較為簡明深切的解釋：「不徒曰『教』，而曰『教思』，其意思如兌澤之深；不徒曰『保民』而曰『容民』，其度量如坤土之大」（《周易本義》）。

《臨卦・大象傳》提出「教思」，「容保民」，是崇德，也是「廣業」。「教思」之後，接言「無窮」，「容保民」之後，接言「無疆」，可見其德之崇高，業之廣大。《易傳・序卦傳》說，「臨者，大也。」這說明，居於上位的統治者如果能屈尊就下而親臨於民，思念和保護下民，其發展前途才會遠大。

其三，悅民。

《兌卦・彖傳》說：「兌，說也。剛中而柔外，說以『利貞』，是以順乎天而應乎人。說以先民，民忘其勞；說以犯難，民忘其死。說之大，民勸矣哉！」說同悅，「先民」，即導民前進。「兌」卦卦義為言喜悅。以喜悅之事去引導民眾前進，雖勞苦而民不以為苦。以喜悅之事去引導民眾赴大難，即或有死的危險而民眾死而無怨。可見喜悅作用之大，它能催人奮勉而勇往直前。因為應乎人心所向之事則必然是與天道規律相合順。這又進一步說明，人心一旦與天道相應，就能調動起民眾的積極性。有了這種積極性，國家可保無虞。

其四，厚下。

為了使封建統治者能夠深刻領會，於是又舉出剝卦為例進一步說明。《剝卦・大象傳》說：「山附於地，剝。上以厚下安宅。」「剝」，下「坤」上「艮」。「坤」為地，「艮」為山。卦象是山在地上。不言山在地上而言山附於地，是說高山經過長久的風雨侵蝕削落而依附於地面。上，指居於上位的統治者。下，指下民。居於上位的統治者看到高山崩潰依附於地面之象，則應懂得位高也可下跌。應該以較寬厚的政策對待下民，居於其上才可安然。再就全卦六爻去看，陰長至第五位，僅一陽殘存於上。《剝卦・彖傳》說，「剝，剝也。柔變剛也。」陽剛為君，陰柔為民。五個陰柔要把一個陽剛剝落掉，危在旦夕。這一事實說明，對下民剝削過重將危及自身，最後自己也避免不了被剝落的命運。

其五，施祿於下。

深明此理則應將利祿及早下施。《夬卦・大象傳》說：「澤上於天，夬。君子以施祿及下，居德則忌。」夬，下乾上兌，乾為天，兌為澤，卦象是澤水已漲到了天上，堤防潰決滔滔下瀉而摧毀一切。君子觀此象則當知利祿不可多得，滿招損，謙受益，要盡快向下施予。

其六，損上益下。

德則不然，多多益善。利祿向下施予看來是有所損失，其實是受益。《益卦・彖傳》說：「益，損上益下，民說無疆；自上下下，其道大光。」益卦是講減損上位者之有餘，以增益在下者之不足，故稱「損上益下」。這樣做下民都很歡喜，故稱「民說無疆」。由於損有餘以益不足而達到了適中平衡，贏得了民心，這就給社會穩定和政權的鞏固帶來了光明，故稱「其道大光」。

由此可見，適當作些經濟讓步看來似乎是損失，而這種損失卻是為了能夠繼續得到增益。也就是說，損失的是眼前局部利益，得到的卻是長遠利益。

其七，節制、制度數、議德行。

只有深明此理，才會認識節用愛民的重大意義，於是又提出了節制的問題。《節卦‧大象傳》說：「澤上有水，節。君子以制數度，議德行。」「節」，下「兌」上「坎」。「兌」為澤，「坎」為水。卦象是用澤節水。以澤節水，塞而不流則溢出，流而不塞則乾涸。最得當的辦法是將水節制在適中的水平線上，使澤既蓄水又流水，既未乾涸又不溢出，這就叫節制有度。

對下民的剝削也有一個適度的問題，必須「制數度」。數，即十、百、千、萬；度，即分、寸、尺、丈。有了這些計量單位，才能用以衡量適中與不適中。但數與度的計量靠人去掌握，還必須「議德行」。只有深明《易》理道德高尚的人，才能推而行之。

於是《節卦‧彖傳》又說：「當位以節，中正以通。天地節而四時成。節以制度，不傷財，不害民。」天地自然規律是有節制的，年、月、日、時的運行從不過越而成其變化。人類社會也應如此。國君如能量財之所入，計民之所用，將稅收法度保持在適中的水平上，既不損傷國家的財政收入，也不妨害百姓繼續生存，整個社會才會安寧。因此，愛護老百姓，剝削要有節制，賦稅保持適中。

從容民、保民、臨民始，一直到取悅於民，最後又歸結為「順乎天而應乎人」。從「厚下」、「施祿及下」、「損上益下」，最後到「制數度，議德行」，「節以制度，不傷財，不害民」。這些都是在反覆告誡統治者：人民是立國之本，聚民是政權穩固的根基，「理財正辭」的前提。可以看出，所謂「理財正辭」，就是要把著眼點放在民眾身上，省徭役薄稅斂，盡量緩和矛盾，以求得社會的穩定發展。

這些德、才方面的要求，實際上是對統治者聚人以財的勸諫，《周易》通覽全局，從長遠、根本利益出發，為政權的長治久安提出了相應的對策。也是實現備物致用，以為天下利的根本。

㈢「聚人以財」與現代管理

從聚人以財的角度來看，《周易》實是一部管理學著作，它的一系列思想，對當今政府與企事業單位的管理具有重要的啟迪作用。

其一，「保合」、「太和」的管理目標。

作為管理者，應把「太和」作為管理的最高目的。「乾道變化，各正性命，保合大和，乃利貞。首出庶物，萬國咸寧」（《乾卦・彖傳》）。這是《周易》所追求的境界。宋朝程頤注，「保謂常存，合謂常和」（《二程集・周易程氏傳》卷一）。朱熹注：「各正者，得於有生之初，保合全於已生之後」（《周易本義》）。乾道即天道，天道是剛健中正的，太和即指最高的和諧。因為剛柔相生相濟，所以萬物生長，天下萬國安寧。

《周易》所提出的「太和」是管理者施行有效管理所追求的最高境界，而且在

《經》與《傳》中提出了實施的方法。如《易傳・繫辭上傳》：「天尊地卑，乾坤定矣……貴賤位矣。」乾天坤地，乾高坤卑，這就是尊卑貴賤的等級秩序。《易經》的否、泰兩卦卦象倒換，就出現完全不同的卦和卦義。看起來似乎矛盾，實是陰陽平衡。「否」卦「乾」（天）上「坤」（地）下，「天地不交而萬物不通也，上下不交而天下無邦也」（《否卦・彖傳》），從而造成閉塞。

以國家或企業來說，如管理者高高在上，不與屬下相交往，會導致企業中上下分離，引起管理混亂。把「否」卦卦象顛倒，就成「泰」卦。「泰」卦「乾」下「坤」上，「天地交而萬物通也，上下交而其志同也。」（《泰卦・彖傳》）「君民之情交，故鰥寡達於旒纊，君臣之志交，故幽側發於夢卜，天人之心交，故言行感乎日月，大哉交之道乎！」（楊萬里《誠齋易傳》卷四）這是說，相交而致相通，達到認識上的統一。

領導者虛心接納意見，使下情上達，這是國家或企業穩定發展的保證。

其二，危機感、使命感，能居安思危，外剝之道。

作為管理者還應深明「生於憂患，死於安樂」之理。「豫」卦，「坤」下「震」上，「豫」，朱熹注曰「和樂也」，意思是可以逸豫了。可是本卦六爻，除「六二」、「貞吉」之外，餘爻皆非凶即險。旨在告誡人們：逸樂是好事，但若由此貪圖享受，不知止戒，以至喪志敗德，則反致其凶。朱熹注六二曰，「豫雖主樂，然易以溺人，溺則反而憂矣」。這就是說要居安思危，處豫而慮不豫。

六爻中初六「鳴豫凶」，因為它自鳴得意；六二，得貞吉。因為它以中正自守；六三「盱豫悔，遲有悔」，張目仰視以媚上，所以有悔；九四以陽剛之資，處在陰柔之中，失位多懼而不敢豫；六五「貞疾，恆不死」。以柔乘剛，產生危機感，所以才可救，「恆不死」。因此，管理者要居安思危，「安而不忘危，治而不忘亂」（《易傳・繫辭下傳》）。

「剝」卦「坤」上「艮」下，以五陰剝一陽，上九以一陽僅存，要使由剝而復，就要講處剝之道。六爻只存一陽爻高高在上，說明是陰氣勢盛，陽氣勢孤。剝意為剝落，本指植物的盛衰榮枯，這是陰陽二氣消長變化的物理現象。

自然界的春生秋枯是一成不變的，人事則不同，國家、企業的盛衰，繫於人的主觀能動性，管理得當，則衰敗無由形成。《剝卦・大象傳》曰：「山附於地，剝。上以厚下安宅」。唐李鼎祚注曰：「山附於地，謂高附於卑，貴附於賤……君子當厚錫（同賜）於下，賢當卑降於愚，然後得安其居。」（《李氏易傳・剝卦》）「剝」卦「坤」（地）下「艮」（山）上，不說山在地上，而說山附著於地，這是說經過長期風雨侵蝕山崩上裂而附於表面，是剝落之象。就人事而言，管理者不應自滿，應寬待下屬，謙虛地向屬下徵求意見，才能取得長治久安的發展。

其三，以德安人。

《乾卦・彖傳》曰：「大明終始，六位時成，時乘六龍以御天。」大意是說，它是包含六個爻位的程序，宇宙光明的開始和終結的根源，聖人乘六龍是行乾之道。乾取天之象，自強不息之義。所以《易傳・說卦傳》說：「乾，健也。」旨在開示創業要遵循「安人」之道。安與危是相對的，「安人」就是要做好人的修養。「人有理則安，無理則危。」（《禮記・典禮》）企業中上下相安，才能蒸蒸日上。《易經・乾卦》有「元、亨、利、貞」四德，是「安人」的具體內涵。

「元」為始生萬物，無偏私，泛愛大眾，這是天的元德。「元者善之長也」（《乾卦・文言傳》），元居於眾美德的首位。因此，一個管理者要體現天的「元」德，做到愛人，方才當之無愧；

「亨」即亨通，為發榮滋長萬物，亨通能使諸物合聚，吸引民眾。因此，管理者應體現天的「亨」德，待人接物，周旋於眾人之間恰到好處，沒有遲滯之處，也就是禮貌的周全；

「利」指天地陰陽相合，從而使萬物生長，各得其宜，這就是天的「利」德。因此，管理者能體現天之「利」德，以利物之心與人相合而不爭，處事相宜，合乎義理；

「貞」是天地陰陽相合，中正不偏。做到這一點，則萬事萬物，能夠正直，凝結而長久，不會出現一盤散沙的狀況。因此，管理做到「修己以安人」（《論語・憲問》），就能體現天的「貞」德，信守正道，正己以正人，足以辦好萬事。

「元、亨、利、貞」又可以簡括為仁、禮、義、事。行仁能得眾，行禮能合眾，行義能利眾，行事能正事。這四點又可以總括為二項：領導與用人。

《周易》八卦與六十四卦，乃至三百八十四爻的變化，都是表示天地萬物與社會人事中變化不定的道理。試以乾卦說明之。龍為抽象的天，因其變化莫測，隱現無常，所以乾卦六爻皆以龍為象。

「初九：潛龍，勿用。」龍在初爻之時剛剛開始的時候，它的能力還沒有顯現出來，也不要顯現出來。「初故潛，潛故勿用，傳曰：藏諸用，勿用乃用。」（湯遂球《周易爻物當名》）這是說「初」本不潛，「潛」本是勿用，是含蓄不發，則達到了勿用乃用之境了。時機未到，不可逞能，要「藏諸用」（《易傳・繫辭上傳》），等待時機來臨。初九是發展的起步，管理者雖心懷大志，胸有成竹，但羽毛未豐，須有含蓄的功夫。「藏諸用」即深入調查研究，制定切實可行方案。潛龍勿用中「勿用」二字，從積極方面講是教我們在創業之時，要深沉含蓄；從消極方面講是要防範發展中的阻力。

「九二：見龍在田，利見大人。」晉王弼注曰：「出潛離隱，故曰見，龍處於地上，故曰在田。」（《周易注》）如，諸葛亮隱居隆中，躬耕隴畝，自比有管仲、樂毅之才。被司馬徽喻作臥龍，即尚未充分施展其才幹的奇才。劉備多年來沒有機會擴充勢力，又無固定地盤，依附曹操，又投奔劉表，四處奔命，狼狽不堪。劉備要擺脫困境，有「出潛」的要求，諸葛亮懷才不露，等待「離隱」的機遇。劉備三顧茅廬之後，一席隆中策，諸葛亮為劉備定下了三分天下的大計，後來終於形成了三國鼎立的局面。

「九三：君子終日乾乾，夕惕若，厲無咎。」疏：「鄭注：六爻位象三才，三為內卦之終而有參天地之功，故五爻皆以龍興，而九三獨稱君子。」（李道平《周易集解纂疏》）九三居於下卦之頂峰，是創業小有成就的階段。晉王弼對此爻這樣說：「處下體之極，居上體之下，在不中之位，履重剛之險，上不在天，未可以安其尊也；下不在田，未可以寧其居也。純修下道，則居上之德廢，純修上道，則處下之禮曠，故終日乾乾，至於夕惕，猶若厲也。居上不驕，在下不憂，因時而惕，不失其幾，雖危而勞，可以無咎。」（《周易注》）

這是說九三之位處於下乾卦，既不能「純修上道」，也不能「純修下道」，因此地位險而難，必須慎重對待，終日乾乾，至於夕惕。

九三說的是人事，所以以君子為代表，旨在勸誡管理者不要因小有成就而得意忘形，這是創業大忌。相反，仍應小心翼翼，如履薄冰。周文王在創業之時，「卑服，即康功、田功……自朝至於日中昃，不遑暇食……不敢盤於遊田」（《尚書・無逸》）。周文王修整道路、耦種田地，從早晨至晚，無暇他顧，更不敢把貢賦用在遊獵玩樂上。時刻以「夕惕若」的凝重危辣精神克制自己的不正當欲望，終於一舉剪滅商紂，成就了統一中國的大業。

「九四，或躍在淵，無咎。」九四以陽居陰位，最志於進，陰是對進不果斷，本爻是表示欲進不定，猶豫難決。

「九五：飛龍在天，利見大人。」是說管理者處於最佳的情況，為九五至尊。「而五乃天位。天德之得位者，惟有是德。」（《周易淺述》）管理者應善於體會「乾道」。乾剛而能柔，謙卑遜順。如周武王滅商之後，下訪商朝遺老，足見其虛懷若谷，箕子回答武王，陳述治國之大法。正是「五在天位，故曰飛龍。此武王克殷（商）之爻也」（李道平《周易集解纂》）。

「上九，亢龍在悔。」上是最上的一爻，上九是最高處，再上進就無位置了。因此說「亢龍有悔」。《乾卦・文言傳》：「上九曰：『亢龍有悔。』何謂也？子曰：『貴而無位，高而無民，賢人在下位而無輔。』」這是說居於高位的管理者容易犯錯誤。登上過分高位的龍會生悔，這是因為「貴而無位」。荀爽曰：「在上故貴，失正故無位。」失去正當上進的位，就是無位。「高而無民」是說地位太高了，脫離了民眾。「賢人在下位」，是說地位太高了，脫離了民眾。「賢人在下位」，是指兩陽，即九三與九二，比為賢人。「無輔」即得不到輔助，所以一動就有悔了。

「用九，見群龍無首，吉。」「用，可施行也」（《說文解字》）。南齊大儒劉說：「總六爻純陽之義，故曰用九。」（《周易集解‧上經‧乾》）這一說法為唐代解易的著作所採用。乾卦是純陽卦，六爻俱陽。用九含有剛健之意，剛健是歷代成就功業者必須具備的條件。但是，管理者如果對待下屬若持剛健強硬的態度，事情往往會弄僵。

乾卦六爻都以龍為喻，因六龍即六爻（見《周易淺述》）。九三及九四，雖未明言龍，實際仍是以龍為喻的。龍為鱗蟲之長，能幽能明，能細能巨，能長能短。這種古代傳說的神奇動物，不只變化多端，還能興雲作雨。因此，用九還有由龍的靈活性而來的權變之義。

居安思危的責任感、使命感，以德安人的重人意識，太和的管理目標等，這些思想在現代企業制度中已然成為十分重要的理論原則。

易文化傳統把聚人當作聚財的核心，強調管理中人的重要性，並提出了一系列的理財原則，具有重要的理論意義。

人是有理性同時又是有感情的高級動物，德是經濟發展方向的保證，才是經濟發展的前提。經濟的發展歸根到底依靠生產力的發展，人作為生產力中最重要的因素，人的素質（包括德、才等諸多層面）的全面提高，是提高生產力最有效的途徑。

這些觀念和意識至今仍然具有重要的意義。但是，同樣不可忽視的是，過分強調人的因素，而忽視制度的建設，忽視制度對人（尤其是管理者）的有效約束和監督，容易產生負面的影響。這是我們在繼承和發揚易文化「聚人以財」思想以富國強民時必須加以注意的。只有清醒地認識到其中制度因素的缺失，並加以彌補，才能在新時代條件下「返本開新」，真正實現富強的理想。惟其如此，才是對聚人以財精神的準確、實質性的把握。

【註釋】：

❶ 參見李純任載《易經領導思想初探》，載《周易研究》一九九四年第四期，第五十三頁。

附記

本書乃東方國際易學研究院組編之《易學智慧叢書》中的一本，朱伯崑先生曾就此面囑諄諄，義不容辭。領得此書撰寫任務之後，漢上學易同人亦曾集議數次，但遷延未得落實。主要由於我連年多恙，去夏又以腸疾手術，住院數月，楮墨俱荒。眼見限期將到，進退爲難，幸賴羅熾、蕭漢明二君同心一諾，奮力承擔，重新立項陳綱，炎暑揮毫，又得陳望衡、劉澤亮（獨承第二章《易學與理想人格》）二君慨然相助，終於在時限緊迫和教學等任務叢脞中，困而後通，撰成此稿。

以限期已到，速送北京，而我以衰眊，竟未能通讀一遍。於此書之撰寫，未有涓埃之獻，思之不勝愧疚！而羅、蕭二君仍主將拙文《人文易與民族魂》置之篇首，作爲代序，蓋深山曳木，「邪、許」相和之意。《易》云：「冥豫，成，有渝無咎。」此之謂歟？

蕭萐父　謹記

7. 366 天開運年鑑	林廷宇編著	230 元
8. 色彩學與你	野村順一著	230 元
9. 科學手相	淺野八郎著	230 元
10. 你也能成為戀愛高手	柯富陽編著	220 元
11. 血型與十二星座	許淑瑛編著	230 元
12. 動物測驗—人性現形	淺野八郎著	200 元
13. 愛情、幸福完全自測	淺野八郎著	200 元
14. 輕鬆攻佔女性	趙奕世編著	230 元
15. 解讀命運密碼	郭宗德著	200 元
16. 由客家了解亞洲	高木桂藏著	220 元

・女醫師系列・品冠編號 62

1. 子宮內膜症	國府田清子著	200 元
2. 子宮肌瘤	黑島淳子著	200 元
3. 上班女性的壓力症候群	池下育子著	200 元
4. 漏尿、尿失禁	中田真木著	200 元
5. 高齡生產	大鷹美子著	200 元
6. 子宮癌	上坊敏子著	200 元
7. 避孕	早乙女智子著	200 元
8. 不孕症	中村春根著	200 元
9. 生理痛與生理不順	堀口雅子著	200 元
10. 更年期	野末悅子著	200 元

・傳統民俗療法・品冠編號 63

1. 神奇刀療法	潘文雄著	200 元
2. 神奇拍打療法	安在峰著	200 元
3. 神奇拔罐療法	安在峰著	200 元
4. 神奇艾灸療法	安在峰著	200 元
5. 神奇貼敷療法	安在峰著	200 元
6. 神奇薰洗療法	安在峰著	200 元
7. 神奇耳穴療法	安在峰著	200 元
8. 神奇指針療法	安在峰著	200 元
9. 神奇藥酒療法	安在峰著	200 元
10. 神奇藥茶療法	安在峰著	200 元
11. 神奇推拿療法	張貴荷著	200 元
12. 神奇止痛療法	漆 浩 著	200 元
13. 神奇天然藥食物療法	李琳編著	200 元
14. 神奇新穴療法	吳德華編著	200 元
15. 神奇小針刀療法	韋丹主編	200 元

・常見病藥膳調養叢書・品冠編號 631

1. 脂肪肝四季飲食	蕭守貴著	200 元
2. 高血壓四季飲食	秦玖剛著	200 元
3. 慢性腎炎四季飲食	魏從強著	200 元
4. 高脂血症四季飲食	薛輝著	200 元
5. 慢性胃炎四季飲食	馬秉祥著	200 元
6. 糖尿病四季飲食	王耀獻著	200 元
7. 癌症四季飲食	李忠著	200 元
8. 痛風四季飲食	魯焰主編	200 元
9. 肝炎四季飲食	王虹等著	200 元
10. 肥胖症四季飲食	李偉等著	200 元
11. 膽囊炎、膽石症四季飲食	謝春娥著	200 元

・彩色圖解保健・品冠編號 64

1. 瘦身	主婦之友社	300 元
2. 腰痛	主婦之友社	300 元
3. 肩膀痠痛	主婦之友社	300 元
4. 腰、膝、腳的疼痛	主婦之友社	300 元
5. 壓力、精神疲勞	主婦之友社	300 元
6. 眼睛疲勞、視力減退	主婦之友社	300 元

・休閒保健叢書・品冠編號 641

1. 瘦身保健按摩術	聞慶漢主編	200 元
2. 顏面美容保健按摩術	聞慶漢主編	200 元

・心 想 事 成・品冠編號 65

1. 魔法愛情點心	結城莫拉著	120 元
2. 可愛手工飾品	結城莫拉著	120 元
3. 可愛打扮 & 髮型	結城莫拉著	120 元
4. 撲克牌算命	結城莫拉著	120 元

・少 年 偵 探・品冠編號 66

1. 怪盜二十面相	（精）	江戶川亂步著	特價 189 元
2. 少年偵探團	（精）	江戶川亂步著	特價 189 元
3. 妖怪博士	（精）	江戶川亂步著	特價 189 元
4. 大金塊	（精）	江戶川亂步著	特價 230 元
5. 青銅魔人	（精）	江戶川亂步著	特價 230 元
6. 地底魔術王	（精）	江戶川亂步著	特價 230 元
7. 透明怪人	（精）	江戶川亂步著	特價 230 元

8. 怪人四十面相	（精）	江戶川亂步著	特價	230 元
9. 宇宙怪人	（精）	江戶川亂步著	特價	230 元
10. 恐怖的鐵塔王國	（精）	江戶川亂步著	特價	230 元
11. 灰色巨人	（精）	江戶川亂步著	特價	230 元
12. 海底魔術師	（精）	江戶川亂步著	特價	230 元
13. 黃金豹	（精）	江戶川亂步著	特價	230 元
14. 魔法博士	（精）	江戶川亂步著	特價	230 元
15. 馬戲怪人	（精）	江戶川亂步著	特價	230 元
16. 魔人銅鑼	（精）	江戶川亂步著	特價	230 元
17. 魔法人偶	（精）	江戶川亂步著	特價	230 元
18. 奇面城的秘密	（精）	江戶川亂步著	特價	230 元
19. 夜光人	（精）	江戶川亂步著	特價	230 元
20. 塔上的魔術師	（精）	江戶川亂步著	特價	230 元
21. 鐵人Q	（精）	江戶川亂步著	特價	230 元
22. 假面恐怖王	（精）	江戶川亂步著	特價	230 元
23. 電人M	（精）	江戶川亂步著	特價	230 元
24. 二十面相的詛咒	（精）	江戶川亂步著	特價	230 元
25. 飛天二十面相	（精）	江戶川亂步著	特價	230 元
26. 黃金怪獸	（精）	江戶川亂步著	特價	230 元

・武 術 特 輯・大展編號 10

1. 陳式太極拳入門	馮志強編著	180 元
2. 武式太極拳	郝少如編著	200 元
3. 中國跆拳道實戰 100 例	岳維傳著	220 元
4. 教門長拳	蕭京凌編著	150 元
5. 跆拳道	蕭京凌編譯	180 元
6. 正傳合氣道	程曉鈴譯	200 元
7. 實用雙節棍	吳志勇編著	200 元
8. 格鬥空手道	鄭旭旭編著	200 元
9. 實用跆拳道	陳國榮編著	200 元
10. 武術初學指南	李文英、解守德編著	250 元
11. 泰國拳	陳國榮著	180 元
12. 中國式摔跤	黃 斌編著	180 元
13. 太極劍入門	李德印編著	180 元
14. 太極拳運動	運動司編	250 元
15. 太極拳譜	清・王宗岳等著	280 元
16. 散手初學	冷 峰編著	200 元
17. 南拳	朱瑞琪編著	180 元
18. 吳式太極劍	王培生著	200 元
19. 太極拳健身與技擊	王培生著	250 元
20. 秘傳武當八卦掌	狄兆龍著	250 元
21. 太極拳論譚	沈 壽著	250 元
22. 陳式太極拳技擊法	馬 虹著	250 元

23. 二十四式 三十二式 太極 拳 劍	闞桂香著	180 元
24. 楊式秘傳 129 式太極長拳	張楚全著	280 元
25. 楊式太極拳架詳解	林炳堯著	280 元
26. 華佗五禽劍	劉時榮著	180 元
27. 太極拳基礎講座：基本功與簡化 24 式	李德印著	250 元
28. 武式太極拳精華	薛乃印著	200 元
29. 陳式太極拳拳理闡微	馬 虹著	350 元
30. 陳式太極拳體用全書	馬 虹著	400 元
31. 張三豐太極拳	陳占奎著	200 元
32. 中國太極推手	張 山主編	300 元
33. 48 式太極拳入門	門惠豐編著	220 元
34. 太極拳奇人奇功	嚴翰秀編著	250 元
35. 心意門秘籍	李新民編著	220 元
36. 三才門乾坤戊己功	王培生編著	220 元
37. 武式太極劍精華＋VCD	薛乃印編著	350 元
38. 楊式太極拳	傅鐘文演述	200 元
39. 陳式太極拳、劍 36 式	闞桂香編著	250 元
40. 正宗武式太極拳	薛乃印著	220 元
41. 杜元化＜太極拳正宗＞考析	王海洲等著	300 元
42. <珍貴版>陳式太極拳	沈家楨著	280 元
43. 24 式太極拳＋VCD	中國國家體育總局著	350 元
44. 太極推手絕技	安在峰編著	250 元
45. 孫祿堂武學錄	孫祿堂著	300 元
46. <珍貴本>陳式太極拳精選	馮志強著	280 元
47. 武當趙堡太極拳小架	鄭悟清傳授	250 元
48. 太極拳習練知識問答	邱丕相主編	220 元
49. 八法拳 八法槍	武世俊著	220 元
50. 地趟拳＋VCD	張憲政著	350 元
51. 四十八式太極拳＋DVD	楊 靜演示	400 元
52. 三十二式太極劍＋VCD	楊 靜演示	300 元
53. 隨曲就伸 中國太極拳名家對話錄	余功保著	300 元
54. 陳式太極拳五功八法十三勢	闞桂香著	200 元
55. 六合螳螂拳	劉敬儒等著	280 元
56. 古本新探華佗五禽戲	劉時榮編著	180 元
57. 陳式太極拳養生功＋VCD	陳正雷著	350 元
58. 中國循經太極拳二十四式教程	李兆生著	300 元
59. <珍貴本>太極拳研究	唐豪・顧留馨著	250 元
60. 武當三豐太極拳	劉嗣傳著	300 元
61. 楊式太極拳體用圖解	崔仲三編著	400 元
62. 太極十三刀	張耀忠編著	230 元
63. 和式太極拳譜＋VCD	和有祿編著	450 元
64. 太極內功養生術	關永年著	300 元
65. 養生太極推手	黃康輝編著	280 元
66. 太極推手祕傳	安在峰編著	300 元

67.	楊少侯太極拳用架真詮	李璉編著	280 元
68.	細說陰陽相濟的太極拳	林冠澄著	350 元
69.	太極內功解祕	祝大彤編著	280 元
70.	簡易太極拳健身功	王建華著	180 元
71.	楊氏太極拳真傳	趙斌等著	380 元
72.	李子鳴傳梁式直趟八卦六十四散手掌	張全亮編著	200 元
73.	炮捶 陳式太極拳第二路	顧留馨著	330 元
74.	太極推手技擊傳真	王鳳鳴編著	300 元
75.	傳統五十八式太極劍	張楚全編著	200 元
76.	新編太極拳對練	曾乃梁編著	280 元
77.	意拳拳學	王薌齋創始	280 元
78.	心意拳練功竅要	馬琳璋著	300 元
79.	形意拳搏擊的理與法	買正虎編著	300 元
80.	拳道功法學	李玉柱編著	300 元
81.	精編陳式太極拳拳劍刀	武世俊編著	300 元
82.	現代散打	梁亞東編著	200 元
83.	形意拳械精解（上）	邸國勇編著	480 元
84.	形意拳械精解（下）	邸國勇編著	480 元

・彩色圖解太極武術・大展編號 102

1.	太極功夫扇	李德印編著	220 元
2.	武當太極劍	李德印編著	220 元
3.	楊式太極劍	李德印編著	220 元
4.	楊式太極刀	王志遠著	220 元
5.	二十四式太極拳(楊式)＋VCD	李德印編著	350 元
6.	三十二式太極劍(楊式)＋VCD	李德印編著	350 元
7.	四十二式太極劍＋VCD	李德印編著	350 元
8.	四十二式太極拳＋VCD	李德印編著	350 元
9.	16 式太極拳 18 式太極劍＋VCD	崔仲三著	350 元
10.	楊氏 28 式太極拳＋VCD	趙幼斌著	350 元
11.	楊式太極拳 40 式＋VCD	宗維潔編著	350 元
12.	陳式太極拳 56 式＋VCD	黃康輝等著	350 元
13.	吳式太極拳 45 式＋VCD	宗維潔編著	350 元
14.	精簡陳式太極拳 8 式、16 式	黃康輝編著	220 元
15.	精簡吳式太極拳＜36 式拳架・推手＞	柳恩久主編	220 元
16.	夕陽美功夫扇	李德印著	220 元
17.	綜合 48 式太極拳＋VCD	竺玉明編著	350 元
18.	32 式太極拳（四段）	宗維潔演示	220 元
19.	楊氏 37 式太極拳＋VCD	趙幼斌著	350 元
20.	楊氏 51 式太極劍＋VCD	趙幼斌著	350 元

國家圖書館出版品預行編目資料

易學與人文／羅熾　蕭漢明　著
——初版，——臺北市，大展，2006〔民95〕
面；21公分，——（易學智慧；18）
ISBN　957-468-483-0（平裝）
1.易經—研究與考訂
121.17　　95012746

易學與人文

ISBN 957-468-483-0

主　　編／朱 伯 崑
著　　者／羅　　熾　蕭 漢 明
責任編輯／諳　　民　賈 洪 寶
發 行 人／蔡 森 明
出 版 者／大展出版社有限公司
社　　址／台北市北投區（石牌）致遠一路2段12巷1號
電　　話／（02）28236031・28236033・28233123
傳　　眞／（02）28272069
郵政劃撥／01669551
網　　址／www.dah-jaan.com.tw
E－mail／service@dah-jaan.com.tw
登 記 證／局版臺業字第2171號
承 印 者／國順文具印刷行
裝　　訂／建鑫印刷裝訂有限公司
排 版 者／弘益電腦排版有限公司
授 權 者／中國書店
初版1刷／2006年（民95年）9月

定　價／280元